スペシャリスト直伝！

小学校
体育科授業
成功の極意

木下 光正 著

明治図書

はじめに

　体育授業で「あいうえお」を聞いてみたいと思いませんか？
　「あー，なるほど」「いっぱい，動いたな」「うまくなったな，できた！」「えっ，もうおしまい」「お友達と仲良く活動できた」
　こうした言葉が聞こえてきたら嬉しくなりますね。
　体育授業では，わかること，うまくなること・できること，かかわること，活動の量的保障ということを大事にしたいものです。いや，すべきでしょう。
　多くの教科を担当している先生方にとって，体育は教科の1つにすぎないかもしれません。しかし，子どもは体育が大好きです。圧倒的な支持を得ています。授業が変われば，先生をさらに好きになってくれるでしょう。
　子どもへの愛情，教育への情熱は勿論大事ですし，基本です。しかし，それだけでは体育授業は変わりません。技能に関する知識や指導法，仲間との関係性を深める方略，円滑に授業を進める方略，等々，指導に不可欠な能力（知識や指導技術）が求められます。こうした能力は，体育が一番身につけやすい教科だと考えています。活動する子どもの姿を見れば，指導の「結果」がすぐにわかるからです。わかりやすいことこの上なしと言えるでしょう。さらに，身についた能力は他教科の指導や行事，生活指導にも転移すること間違いなしです。よく，学級経営と体育が結びつけられる所以です。
　子どもが大好きな体育で「あいうえお」が聞こえてくれば，授業がよくなった，うまくなった証拠です。そうした声を生み出す授業力アップに本書が少しでも役立てば幸いです。

2016年4月

　　　　　　　　　　　　　　　　　　　　　　　　　　　　　木下光正

目次

はじめに 3

第1章 最初が肝心！体育授業マネジメントの極意

1 班づくり 4月の班づくりから体育の授業はスタートする 8
2 集合 「集合！」「早く，早く！」子どもを急かすその前に… 10
3 話し方 「静かに！」と言わずに聞かせる話し方 12
4 指示・説明 短時間で説明するコツ 14
  コラム 効果的な評価に役立つ記録の取り方 16

第2章 パッとわかる！場づくり，用具活用の極意

1 体育館 準備は3分以内に終わらせる 18
2 体育館 跳び箱は「並べる位置」に配慮する 20
3 校庭 ラインは「目標物」を見て素早く引く 22
4 校庭 ハードル，高跳びスタンドはラインで置く位置を固定 24
5 体育館・校庭 長なわ，短なわの位置決めはライン＆班・列 26
6 プール プールは横に使って効率的に 28
7 ノート 体育ノート，体育カードを活用する 30
8 板書 体育でも，黒板を使おう 32
  コラム 記録を残す時のポイント 34

第3章 授業のエラーを減らす！授業運営の極意

1 「あっ，蝶だ！」視覚，聴覚情報を遮断する　36
2 「先生，よく見えません」観察させたい方向を意識する　38
3 「教え合おう」だけでは不十分！運動のポイントに着目する　40
4 「もっとやりたいのに…」運動頻度を保障する　42
5 「固い，怖い，痛い」補助アイテムを活用する　44
6 「こんなの無理！」技能を最初に把握する　46
7 「いつも負けばかり…もう嫌！」未確定性を保障する　48
8 「ボールを取るのに時間がかかる…」取り出し方を決めておく　50
　コラム　笛より太鼓　52

第4章 「できた！」を引き出す！基礎感覚づくりの極意

1 「もう少しやりたい」という思いを持たせる単元計画　54
2 「おりかえし」が基礎感覚づくりの基本　56
3 「逆さまだ…」逆さ感覚を育てる　58
4 「ボールの投捕」遠くに投げたり捕ったりする　60
5 「なわに入って，跳んで」感覚を身につけさせる　62
6 「顔つけ」から始める水慣れ　64
7 「全力で走るって楽しい！」と思える言葉かけ　00
8 「ゲーム化」で繰り返しを楽しむ　72
9 「数値」で達成感を持たせ，動きや感覚を定着させる　74
10 「低学年の指導」がキーポイント　76
　コラム　体育係をつくろう　78

第5章 クラスが1つになる！授業づくりの極意

1 「オノマトペ」で動きがイメージできる言葉かけ　80
2 つまずいている子への有効な言葉かけ　82
3 ゲーム中の戦術理解を深める言葉かけ　84
4 「笑顔」「拍手」「おめでとう」「頑張れ」を生む言葉かけ　86
5 「足し算」「数値目標」でクラスを一体化する　88
6 「思考力・判断力を育てよう！」でも，どうやって？　90
7 タブレットを上手に使おう！　92
　コラム　指導案は物語・イマジネーションを！　94

第6章 体育が面白い！誰もが満足する授業プラン

1 体つくり運動（低・中）　「ヤッター！とべた！」二重回し　96
2 体つくり運動（高）　「みんなとべた！」ダブルダッチ　100
3 器械運動（中・高）　ぐるぐる回れる膝掛け後ろ回り　104
4 走・跳の運動（低・中）　競って伸びる入れ替え走　108
5 走・跳の運動（中）　競走，継走を楽しむ2チーム対抗リレー　112
6 陸上運動（高）　チーム対抗を楽しむ走り幅跳び　116
7 ゲーム（中）　魔王ゲットゲーム・居残りゲットゲーム　120
8 ボール運動（高）　フロアアタック・キャッチバレー　124

最初が肝心!
体育授業
マネジメントの極意

1 4月の班づくりから体育の授業はスタートする

班づくり スムーズな班のつくり方

👉 班づくりが授業すべての原点

　4月，クラスのスタートは座席を決めるところから始まります。名簿順，身長順などさまざまでしょう。体育授業のスタートも班を決めるところから始まります。毎時間，「先生，どうやって並ぶの？」では困ります。

　一番最初の授業マネジメントとして重要なのはスムーズな班決めです。実は難しいことは何もありません。次のようにします。

---

①男女を身長順に並べる。
②各班男女4人になるよう，座った位置から順番に並べる。

👉 「よーい，ドン！」で素早く身長順整列

　最初は教師の前にばらばらでよいので集めて座らせます。そして，次のように説明します。

　「並びっこをします。男女対抗戦です。条件は1つ。先生の前にだいたいでよいので身長順にどちらが早く並べるかです。では，よーい，ドン」

　この言葉で子どもは動き出します。早く並べた方に「男子（女子）の勝ち！」と言えば大喜びです。次に，「どちらが正確に並べたか確かめます」と言って，男子を立たせます。縦隊で並んでいるので横を向かせ帽子を取るよう指示します。アバウトでよいので身長を確かめ，前後で入れ替えます。同じようにして女子を入れ替えます。入れ替えた回数が少ない方に「男子

（女子）の並び方上手」とほめます。これで身長順の並び方が完成です。

 ペアの人，班の人と握手！

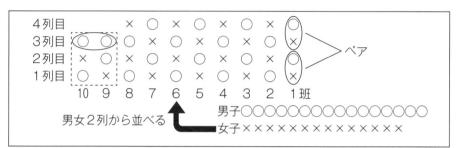

　図のように男女交互に並べながら，最後は調整をします。男子20人，女子18人ならば，最後の2班は□のように男子2人，女子1人となります。これで班の完成です。偶数班を基本にします。

　4人組が班，2人組がペアということと（9，10班は3列目がペア），1年間一緒に活動することを伝えます。そして，男女仲良くできる班がよい班であるということを説明し，班やペアの人と握手をさせます。すぐに全員で仲良く握手している班をほめることを忘れないようにします。

　身長順の班をつくることで，馬跳び，鉄棒，マット，水泳などさまざまな運動がしやすくなり，同時に次のようなメリットが出ます。
①お互いの様子がよくわかり，かかわりが深まる。
②常に男女で活動することで，男女の仲がよくなる。
③逆立ちなど，支えたり，持ち上げたりするお手伝いが簡単にできる。
④偶数班なので，班対抗，2班対抗，列対抗など班や列を活用したさまざまなゲームに対応できる。
⑤2つの班を組み合わせて長なわや跳び箱などの活動がすぐにできる。
⑥観察，相互評価がペアや班で継続してできる。
⑦よいリズムで順番が回り，頻度保証ができる。

2 「集合！」「早く，早く！」
子どもを急かすその前に…
集合 授業をスムーズに始めるためのポイント

☞ 集合場所を決める

　さあ授業を始めようという時に，大きな声で「集合！」と叫んでいないでしょうか。実は集合場所を約束しておけば，こんな声を出さずにすみます。

　体育の授業で使用する場所は，グラウンド，体育館が中心です。この2つの場所のどこに集まるのかを決めておけばよいわけです。

　例えば，グラウンドであれば鉄棒の前。体育館であれば，入り口奥の黒板の前。この2つの場所だけ，それぞれ最初の授業の時に伝えます。これで，先生が「集合！」と叫ぶ必要はなくなります。

　場所はどこでもよいわけではありません。子どもの前に空間の広がりがない場所，情報の入りにくい場所（P36参照）がベストです。また，グラウンドは夏と冬，あるいは1時間目と5時間目では，日差しの問題があるかもしれません。ですから，通年を通して集まりやすい場所を決めることが大切になります。

先生は頑張って先に待つ

　授業と授業の合間はしなければならないことが数多くあり，慌ただしいことこの上ないですね。その日の授業に必要なライン引きや用具の準備だけではありません。前時の理科授業の片付け，保護者からの急な連絡などさまざまな仕事があります。

　それでも，チャイムが鳴る前に，教師もできるだけ決めた場所にいるようにしましょう。それが集合場所に時間までに集まるという意識を持たせることにつながります。これは何も体育の授業に限ったことではありません。他の授業でも，宿泊を伴う林間学校や修学旅行でも，朝の会でも全く同じです。

　「集まる場所を決め，先に待つ」。これで，授業開始の取り組みがスムーズになります。

 ## 「認める」＆「評価」で定着させる

　勿論，忘れてはならないのは「認める評価」です。１回目の授業で場所の約束をしておき，２回目の時間前に集合できていれば，「すごいな，みんなが約束を守れたのですぐに授業ができるね」と評価できます。授業のまとめでは「約束を守れたので，いっぱい動けたね」などと評価します。それが，集合場所や時刻を守ることは，運動できる時間が増え，意味があることだという自覚を促すことにつながります。

　でも，子どもですから，中にはなかなか守れない子もいるでしょう。こんな時，遅れた子を責めることは得策ではありません。自分の気持ちにもマイナスですし，時間がもったいないでしょう。遅れた子にもトイレに行っていたなどの理由がある子もいます。ですから，まずは集まった子をほめ，遅れた子は目をつぶります。遅れた子には授業外で自覚を促しましょう。

13 「静かに！」と言わずに聞かせる話し方

話し方 効果的な話の仕方

👉 話は「目と耳で聞く」

「静かに！」こんな声が聞こえる授業が続くと，それまで話を聞けていた子も授業に集中できなくなります。話をしっかり聞けることは授業の約束の基本中の基本でしょう。

なぜ子どもが集中しないのでしょう。原因はいくつかあります。その原因の1つが最初の約束にあります。下を向いてお絵かきをしながらでも話は聞こえます。でも，あまり聞く気になっていないことははっきりしています。「見る」ことは相手を理解しようとする基本です。ですから，最初の約束で，誰の話でも「目と耳で聞く」ことが大切なことを伝えます。

しっかりと先生や仲間に目を向け話を聞いている子を「話の聞き方が上手」と何度かほめてあげましょう。

👉 先生もしゃがむ

教室の授業と違って，体育の授業は床に座ります。ですから，目線の高さが全く違います。「上から目線」では，話を聞く立場では「天の声」になってしまい，自分には関係ないという意識になります。目線を合わせることで「身近な話」になります。ですから，しゃがんで，子どもの目の高さで話をするようにしましょう。

うるさい時ほど小さな声で

　子どもが勝手に話をしている時に，聞こえるようにと思って先生が大きな声を出すことはマイナスです。ますます話を聞かなくなります。これは，他の教科の授業や宿泊学習の話でも同じです。
　こんな時は，できるだけ声を小さくし，囁くように子どもに語りかけます。そうすると，近くの子は「？」となって，身体を近づけて聞こうとします。周りの子もだんだん，それに引きつけられ話に耳を傾けるようになります。特に低学年ほど，こうした状態が顕著に現れます。
　「大きな声より小さな声」，これも話を聞かせるポイントの１つです。
　こうした約束をしていても話が聞けない子は，他の教科でも同様でしょう。授業後にこっそり呼んで話をします。それでも改善されない場合は，保護者面談で日常の様子と関連させて「自分の子に損」とわかるよう伝え，家庭でも聞くことの大切さを話してもらいましょう。

14 短時間で説明するコツ

指示・説明 あなたの話，長くないですか？

👉 今日の授業，何分話をしましたか？

「今日の体育授業で何分話をしましたか？」こう聞かれ，「うーん，3分ぐらいかな」と思っても，実は5分以上話していることが多くあります。

理科授業での実験の手順，宿泊学習で宿泊先の約束事などについて説明をすると時間がかかります。そうすると，だんだん下を向いたり，ザワザワとしたりしてきます。「話が長い」とわかっていても，つい長くなってしまう自分に嫌気がさしたことはありませんか。

体育授業の中心となるのは「運動学習」です。ですから，話は短い方がよいに決まっています。でも，運動の行い方の説明，補助の仕方，ゲームのルールや約束事など，さまざまな話をせざるを得ないことも事実です。

一度，自分の説明している時間，「○○をしましょう。○を持ってきて，○に置きましょう」など指示している時間をポケットの中に忍ばせたストップウォッチで，「スタート，ストップ」を繰り返しながら計ってみてください。発問をしての認知学習や個別に運動のやり方を話している時間は別です。

もし，単元途中の授業で8分以内なら（45分の内15%以下）合格です。5分以内なら完璧です。10分以上なら…。頑張りましょう。

👉 「シミュレーション」で短縮する

「運動の説明はICTで完璧だ」と思ったら大間違いです。映像を見せるだけでわかってくれればこんな簡単なことはありません。

説明，指示などの時間を短くするには，説明内容や方法，指示の仕方など

を授業を想定してシミュレーションしてみるとよいでしょう。いくつか具体的な手立てをあげます。

① 授業前に自分で説明をシミュレーションしてみる

子どもが目の前にいるつもりで、明日の授業で説明する内容を話してみてください。その時、ストップウォッチで話をしている時間を計ります。

② 指示の内容は適切かを考える

自分で言ったことが子どもに伝わるか考えます。誰かに聞いてもらってもいいでしょう。「うーん、そこがわからない」ということであれば、わかるように言い直してみます。わかりにくい説明では、活動が始まっても子どもが「エー、どうしたらいいの？」となってしまい、活動を止めてまた説明し直すことになります。「エー、また説明するの？」にならないよう内容が適切か、短いかを考えましょう。

③ モデルで示しポイント・ルールは最小限に

運動やルールについて話す時は、「モデルの子どもで運動のポイントやルールを示す」「内容を最小限に絞る」という２つのことを意識します。

モデルは映像よりもリアリティがあったり、三次元で具体的な動きがわかります。また、「これがわからないと安全面で問題がある」「このルールが守れないとゲームが進まない」など、内容を最小限に絞ることで話す時間が短くなります。

コラム

効果的な評価に役立つ記録の取り方

　機械のように記憶力のよい人もいます。私も40年前は20人くらいの電話番号を覚えていました。ところが，今や…。人間誰しも忘れてしまいます。忘れるから覚えるのですが…。

　前の授業で「誰がどのくらいできた」「A君の走り幅跳びの記録は○㎝だ」「あの時のバスケットの授業では仲間によく教えていた」など完璧に覚えている人はいませんね。

　だから記録を取っておく必要があります。児童名簿を縮小して作った手帳形式などが便利です。名簿の後ろには，白紙を入れ，「計画を書く」「気になる子を記録する」などができるようにしておきます。表計算ソフトで作成したデータを名簿を同じサイズにして貼っておくことも役立ちます。こうして書いた記録が，毎時の授業の終わりの評価，次の時間の指導や評価，そして評定にも役立ちます。

　「すぐ書く」「続ける」ために，「簡単」「無理なく」が大切です。
　「アレ，この子のデータがない」という時もあるでしょう。こうした記録のない子は目立たない子です。よい点や何故伸びないかなど改めて見直す必要があります。「記録がない子」に目を向けましょう。

第2章

パッとわかる！
場づくり，
用具活用の極意

1 準備は3分以内に終わらせる

体育館 位置と順番を決めておく

👉 低学年はできるだけ小さなマットで

研究授業で山のように並べられたマットや跳び箱を見たことがありませんか？ どう考えても，準備に5分，片付けに5分かかる配置がなされています。こんな授業を見ると「エー，無理」と思ってしまうのは私だけでしょうか。

日常の授業でできる場づくりこそが，運動の頻度を保障し「できる」「うまくなる」ことにつながります。

低学年はできるだけ小さなマットを使い，運ぶ負担を減らすことがポイントです。写真のような小さなマット（120cm×60cm）が10枚あればすぐに運動に入れます。なければ180cm×90cmを使いましょう。また，先に決めた場所に座らせてからマットを取りに行かせると待ち時間が減ります。

👉 運ぶ位置をラインで示す

マットを運ぶ時に，マットを置く位置を決めておかないと「どこに運ぶの？」ということになってしまいます。

体育館に引かれたバレーボールやバドミントンのラインを利用し，位置を指定してあげることですぐに並べることができます。「1班は，このラインの横」「2班はこのラインの横」というように，1回目の授業の時に説明しておけば，次の時間からスムーズに並べられます。

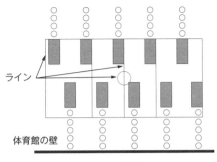
マットを置く位置

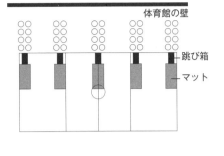
跳び箱を置く位置

運び方を教え，順番を決めておく

　当たり前ですが，300cm×120cmのマットを運ぶには，マットの耳を4人で持って運びます。3人であれば，力のある子が片側の中央を持ち運びます。こうした約束がいい加減だと転倒したり，時間がかかったりします。「コラッ，下手くそ」と言う前に，1回目にモデルで運び方を理解させることが大切です。

　もう1つ大切なのは，運ぶ順番を決めておくことです。マットが置いてある場所が2カ所の場合は，体育館中央の位置から運ばせます。4人1組8班の場合「4・5班どうぞ，3・6班どうぞ，2・7班どうぞ，1・8班どうぞ」というように，指示してあげるとスムーズに運べます。片付けは逆になります。1カ所の場合は，一番奥の班から運ばせると，ぶつからず効率的です。

　待っている班には，「あの班は上手だね」など評価を伝えると，他の班も上手になります。準備ができた班は，座ってきちんと待つのも時にはよいのですが，「準備ができた班から2人並んで前転をしてみよう」「マットを横に使って4人で前転後転を3回してみよう」など事前に活動を指示しておくと時間が有効に使えます。

12 跳び箱は「並べる位置」に配慮する

体育館 マットや跳び箱の運び方，並べ方

 跳び箱は倉庫の外・マットを先に出す

　体育館倉庫の奥に並んだ跳び箱を見かけることがあります。台車の上に載っていれば，まだ出しやすいのですが，置いているだけでは「出すのが大変だ」と誰も出さなくなります。しまってある理由が，社会教育で体育館を使用するからという話も聞きます。これでは，本末転倒です。使用団体が使う時に出し，終わったらしまうという約束にしておきましょう。

　研究授業でマットを出す子と跳び箱を出す子が交錯している場面を見かけることがあります。安全面で心配です。「マットと跳び箱どちらが先」と聞かれれば，マットです。跳び箱を先に置くと，その奥にマットを運ぶことになります。その結果移動の途中でぶつかる可能性も出てきます。マットを先に置くことで安全に運ぶことができ，さらに跳び箱を置く位置もはっきりします。跳び箱は一番上の段が重いので，これを必ず2人で運ばせます。下の段は4，5段でも重くないので，これも2人で運ばせます。

 助走距離は短く！　高さは低く抑えて！

　「アララ，跳び箱の上で止まっちゃった」という場面を，開脚跳びで見かけませんか。あるいは「勢い余って反対側に落ちてしまった」ということもあったかもしれませんね。これは，理由がはっきりしていて助走が長すぎるからです。前者は，勢いよく走ってきたが怖くなって止まってしまったということです。後者はスピードをコントロールできず「危ない」ということになってしまったということです。

跳び箱からの助走距離は最初は「いち，にの，さん」の３歩分で十分です。長くとも５歩。これ以上長いとコントロールできません。壁と跳び箱との間の距離を短くしましょう。後ろに並ぶ子が５・６人いた場合は，助走のスタートラインを示します。

　必要な台数は６～８人に１台あれば十分な頻度が保障できます。相互観察も効果的です。研究授業で場を広げようとしすぎ，２・３人しかいない跳び箱が何台も並んでいることがあります。しかも，縦でも横でも跳べる場まで用意されています。これでは準備と片付けに15分はかかるでしょう。いくら頻度保障と言ってもこの状況では，繰り返すことが苦痛になるか，時間をかけて跳び，却って間延びしてしまうことになります。

　また，「先生，高くして」と子どもから要求が出ることもあります。高い跳び箱を跳びたい気持ちもわかるのですが，３・４年生なら３～５段程度，５・６年生でも５～７段程度で十分です。高学年でも単元の後半以外は同じ高さで，踏切位置を変えて第１局面（踏切から着手まで）を大きくしたり，着地位置が遠くになるよう挑戦させたりした方がよいでしょう。

13 ラインは「目標物」を見て素早く引く

校庭 早くラインを引くには

 どうやってラインを引いていますか？

　ラインを引くのは結構時間がかかります。グラウンドは学校中のクラスが使います。しかも，10分間（5分間の場合もありますね）の休み時間に超特急でラインを引かなくてはなりません。
　「面倒なので必要なラインまで引かない」「休み時間では間に合わないので，授業開始が5分遅れた」どちらも困りますよね。その日使うクラスで調整がつけば，朝引くことができるかもしれません。でも，「朝はみんなで走るので無理。消えてしまう」などの声も聞こえてきそうです。短時間でラインを引くテクニックを身につけておく必要があります。
　皆さんは，次の内どの方法でラインを引いていますか？

---

①前を向いて押す　②後ろ向きでラインを引く　③引っ張って引く

　この中で，一番速くラインを引ける方法は③です。キャリーバッグを引っ張る要領でゴロゴロ転がします。真っ直ぐ引くポイントは，引く方向に目標物を決め，その目標物を見ながら歩きます。最初は引き始めが曲がりやすいのですが，慣れれば「簡単だ」と思うはずです。また，競技会ではないので少々曲がっても大丈夫です。
　もう1つ大事なことは，自分の歩幅がどのくらいかを理解しておくことです。10mや20mなどの一定の距離を何歩ぐらいで歩けるのかをわかっていると，さまざまなボールゲームのコートも簡単に引けるようになります。例えば10mを14歩で歩けば1歩は70cmぐらい，16歩だったら60cmぐらいと自分の

歩数に応じて覚えておくと便利です。70cmぐらいの人は20歩歩けば14mぐらいということになります。真っ直ぐ引くことと同様，ゲームのコートが左右で20cm違っても授業レベルでは問題ありません。それより，「待っててね」にならない方が最優先です。

👉 円の引き方

授業では複数の円を描くことが必要なこともあります。いちいちメジャーとペグを使って弧を描いていては時間がかかります。

簡単に描く方法は，中心を決め半径分を歩きマークをします（点でOK）。同じようにして4カ所をマークしたら，1カ所からマークを目指して丸く歩きます。これで円が描けます。2つ以上の時は，横の2カ所だけマークし，縦は隣の円を見ながら歩けば大丈夫です。

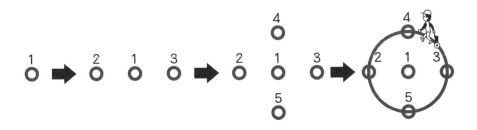

14 ハードル，高跳びスタンドはラインで置く位置を固定

校庭　用具の準備，片付け

 高跳びやハードルはどこに置くの？

　高跳びのスタンドやハードルを並べるには，倉庫から出すだけでも時間がかかります。ましてやどこに並べればよいか決まっていないと，「先生，どこに置くの？」ということになります。

　高跳びはスタンドの位置を示すラインを引いておきます。竹バーやゴムの長さを頭に置いて引くのがポイントです。引き方にはいくつかの方法があります。4台であれば四角形を引き，そこに並べる方法もとれます。ここでは対面式で5台を置く例を示すことにします。斜めのラインが（20～30度程度）あると，助走方向や距離が限定されます。

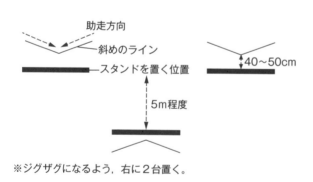

※ジグザグになるよう，右に2台置く。

 ハードルを効率よく並べる

　ハードル走は準備に時間がかかり，「大変」というイメージがあります。実際，インターバルを何種類か設定するのは大変です。紐にインターバルの

印をつけ、何本か並べてそこに置く方法もあります。でも、巻いて片付けることは大変です。ラインマークを打っておく方法もありますが、グラウンドがマークだらけになり、わかりにくくなります。

できるだけ効率よく並べる方法は以下のとおりです。

①各コースのスタート、ゴールにマーキングしておく（学年で相談）。
②基本のラインを引く（40m・スタート、ゴールライン・12m）。
③20m程度のメジャーを5本（コース分）用意する。
④12mライン（第1ハードル）を始点にしてメジャーを置き、ハードルを並べる（例　インターバル6mで4台　0，6，12，18m）。
⑤並べたハードルの横に、ラインを描く（倒れても位置がわかる）。

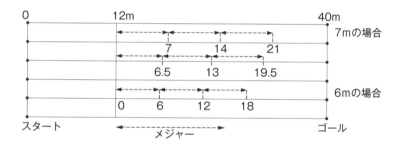

ハードルは一般的に倉庫にしまってあります。できるだけ倉庫の近くにラインを引くと短時間で並べられます。ハードルの台車があればさらに便利です。台車は外に出してあげると、並べる時間が短縮できます。

15 長なわ, 短なわの位置決めは ライン＆班・列

体育館・校庭 ラインを生かして位置を決める

 短なわとびの位置決め　上手になるには位置がポイント

　短なわとびは，技能向上を目指しペアの子と回数を数えたり，跳び方を観察したりすることが基本です。ですから，ホームポジションが決まっているとすぐに活動に入れます。体育館のラインを利用し，班と列の位置を決めます。そうすれば自分が跳ぶ位置が決まります。

　おりかえし（P56参照）同様，バレーボールのラインを利用するのが楽です。

　例えば，以下のようになります（4人×10班）。

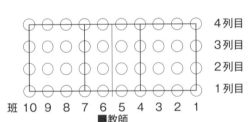

　グラウンドならば，20m程度の4本のラインを引き，位置を決めます。

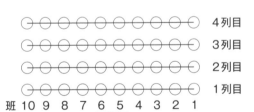

長なわとびの位置決め

　長なわとびも位置が決まっていると，なわを回す位置や跳ぶ位置が決まり跳びやすくなります。体育館であれば，短なわ同様バレーボールコートやバトミントンコートを使います。なわが床に当たる位置がわかりやすいところで回させるようにします。

　グラウンドであれば，「どこで跳んだらいいの？」とならないよう，グループの数だけラインを引き，中央に×を描いてあげるとわかりやすくなります。なわを回すので，ラインの長さはなわの長さより少し短くすることがポイントになります（図1）。また，8の字跳びの最初は，矢印にしてあげるとさらにわかりやすくなります（図2）。

図1

図2

16 プールは横に使って効率的に

プール 縦25mは最後の15分で十分

 縦の指導は非効率でもったいない！

　高学年の水泳の授業を見ていると「高学年だから」「泳力をつけたいから」ということからか，プールの縦を使った指導を中心にしている場合があります。こうした指導法は効率的とはいえません。本来は他の領域同様，学級単位で行う方がよいのですが，安全面から学年での水泳の授業が多いのではないでしょうか。横での指導を中心にすると，次のようなメリットが出ます。

①泳ぐ頻度が増す。
②ペアや班で互いに見合うことができる。
③教師が気になる子を指導しやすくなる。

　縦を使用すると6コースしか使えません。もし，80人前後であれば，1コースに13〜14人も入ることになり，待ち時間が多くなるのは当然です。横にすれば12m程度となり，4人1組で（P8参照）6〜8班×2〜3（クラス数）での指導となるでしょう。4人1組にすることで，泳ぐ頻度が格段に増します。コースロープを張るなど以ての外です。
　また，「キックが水面から出ていない」「クロールのエントリーが斜めに親指の方から入っている」「平のキックの足を互いに持ってあげる」など，相互観察，相互補助などの活動がスムーズにできます。活動を評価する際にもよく見えるので楽にできます。
　さらに，水中で並んだ班の中央に立てば，短時間で気になる子のそばに行けます。その結果，すぐに技能指導や助言をすることができます。25mでは

一定方向に行きっぱなしになるので，1〜2人を見て，他の子の指導をしようとしても，声をかける回数が減ってしまいます。横に使えば間に合わない時は反対側から戻る時にも指導できます。

 ## 25mは最後の15分で十分

　最初の伏し浮き，背浮きなどの水慣れは全員一斉に行えます。その後，けのび，ビート板キック（バタ足，カエル足），手のせクロール，クロール，平泳ぎと連続的に指導しても，横の距離での指導で十分です。また，その方が技能の伸びが保障できます。

　うまくいかない子が長い距離を泳げないことは，誰でもわかることです。一見上手な子も，修正すべき点があるでしょう。「行きはキック」「返りは頭」など相互観察の視点を複数与え，横を往復する中で観察し合うことや，教師の指導を入れながら短い距離を何度も繰り返すことで，うまい子も，技能面で十分でない子も上手になっていきます。

　25m〜50m泳がせたい場合も単元半ばまでは，最後の10分から15分あれば問題ありません。単元後半に100m以上泳がせる場合も，授業最後の25分で可能です。

17 体育ノート，体育カードを活用する

ノート 書くことで課題意識が育つ

👉 体育の授業でもノートを使おう

　学習カードは使うことがありますね。では，「ノートは？」「使っていない」ということになりそうですね。他の教科ではノートを使うことが当たり前です。ところが，体育ではあまり使われません。何故でしょう？

　「机がない」「外で書いたら汚れてしまう」…なるほど。しかし，大丈夫です。1年間問題なく使えます。ノートを使うよさは，次のような点です。

> ①目標や課題，学習内容を書くことではっきり頭に残る。
> ②記録・結果が残る。
> ③カードと違い，なくならない。
> ④後で見直しがきく。

　基本的には，黒板同様，回数，日付，場所，内容，記録や結果と感想を書かせます。4年生以上では，課題に対してどうであったかなど内容を指定して書かせることもできます。ただし，他教科同様，ノート指導は必要です。

10月19日（月） ④1　2運
①2歩前へ
②ディスクゲーム
感想
　3歩前までいけたのでうれしかった。案外うまくできたので，「ヤッター」と思った。
　ディスクゲームも前まで練習していたかいがあって，うまくできた。とおくに投げるのや，コントロールが下手なのでがんばって練習したい。
　次回からのゲームにも勝ちたい。

体育カードの使い方

　個人・グループカードにはさまざまなパターンがあります。50m走やリレーの順位や記録を継続して残すもの，ルールや集団マットのモデルが示されたものなど多様です。市販のものも含め，これらをコピーして利用してもよいのですが大事なのは次の点です。

①クラスの実態に合う内容（目標値や動き）に直す。
②運動のポイントが全て書かれたものでなく，スペースに発見したことを書き込めるものにする。
③ノートに貼らせる（なくならない）。

 「こんなに書くの？」では本末転倒

　ノートやカードに記入させる際，書く時間があまりかからない内容にする配慮が必要です。ただでさえ少ない運動学習の時間を，書くことで短くするのでは本末転倒です。

　数字を書く，丸をつけるなど，できるだけ短時間ですむようにしたいものです。時間がなければ考えを書くことを宿題にしてもよいでしょう。低・中学年は感想でもよいですが，高学年は「次の時間の話し合いの材料」「本人の課題となる内容」「仲間へアドバイスができる内容」などであることが大切です。

18 体育でも，黒板を使おう

板書　黒板で課題や内容を意識させる

☞ 授業で黒板・ホワイトボードを使っていますか？

「授業で黒板やホワイトボードを使っていますか？」と聞かれれば，「エッ，どうしてそんなことを聞くんですか。使うのは当たり前です」という答えが返ってくるでしょう。でも，ちょっと待ってください。「それは，体育の授業ですか？」と聞き直すと，「いえ，国語や算数です」ということになりませんか。「では，体育ではどうですか？」と聞くと，「一度も使ったことがありません」という答えが返ってくることが多いでしょう。

国語，算数，理科，社会の授業では黒板やホワイトボードを使うのは当たり前です。e黒板やタブレットを使った意見交換など，ICT活用も当たり前になってきています。

ところが体育では，体育館にすら黒板やホワイトボードが設置されていなかったり，あっても倉庫にしまわれていて研究発表の時にしか使われないこともあります。一方，研究授業の時には，これでもかと思うほど壁に資料が貼られたり，ボードに目標や運動の図が貼ってあったりします。タブレットを使った授業も見られるようになりましたが，自己の運動を見るために教師や仲間が撮って見せることが一般的ですし，研究授業のためということが多いです。「データ管理や破損など考えると普段は…」と二の足を踏むのが普通でしょう。時には使って自己の動きを見せることも必要ですが…。

何より大事なのは，他教科同様，日常の授業でこうした用具が普通に使われることです。他の教科では，黒板に課題や理解のプロセス，学習した内容のまとめなどが示され，見て書くことと記憶が結びついていきます。

黒板・ホワイトボードを使うメリット

では,「なんで体育で黒板を使うの?」「何を書くの?」という,声が聞こえてきそうです。使う理由は,次のようなことです。

①「体育も学習」だという自覚を促す。
②本時の目標や課題を理解させる。
③理解したことや記録・結果が示されることではっきりわかる。

教師にとっても,「自分が今日の授業で何を学ばせるかを意識する」点で意味があります。

①日付,授業回数,学習内容
②課題・記録や結果・発見したポイント

例えば2年生の授業での板書例です。これをノートに写させます。

```
80回  2/12 (水) たいいくかん
1. たんなわ
   ○にじゅうまわし ( 62 ) かい
   はん1・2 3・4 5・6 7・8
   (2分12)(1分55)(1分45)(2分09)
   クラス  8分  1びょう
2. 川わたり
   目 ( × ) ずっこけ ( ○ )
```

短なわの二重回しと川わたりの学習で,ペアでの練習とリレーをするとします。( )は,練習やリレーで一番回数が多かった二重回しの回数。2班ずつの記録とクラスの合計。川渡りでマットを見たか,ずっこけなかったかを他者評価・自己評価させ,( )に○×で書かせます。

> コラム

記録を残す時のポイント

●なるべく授業の中で聞く
　大人も子どもも同じですが，後から聞かれても覚えていなかったり，記録をきちんと書いていない場合もあったりします。評価の即時性からも，**その場で聞いて書くこと**が大事です。そうすれば「すごい」「前より随分伸びたね」など評価できます。他の子も仲間の記録がわかり，よい記録の場合は拍手も起こります。また，他の子の目標ともなります。

●個人記録
①なわとび，50m，走り幅跳び，走り高跳びなど
　1回目は必ず書きます。2回目からは新記録だけを書けばすみます。個人の記録はカード等にも書かせ，必要に応じて記録するようにします。
②バスケットなどのボールゲームの動きやリレーのパスなど
　自分で記録の付け方を決め，毎時見ながら少しずつ書いておきます。
　（例）ア．パスがよい，誰に（P山下）　イ．開いている空間に動いた
　　　（A）　ウ．空いている空間に動けない（▲）など
　授業の終わりの評価や，▲マークの子をどう指導するかに役立ちます。

●チームの記録→バレー，サッカー，リレーなど
　白紙の部分に1回目からのゲーム結果（対戦表等に）や各チームの記録を書いていきます。負けているチームの把握や指導に役立ちます。

●態度・意欲
　態度や意欲も記号を決めて書いておきます。
　（例）態度→○，×。意欲→◎，✓など
　毎時間とることは無理です。指導案に評価規準や観点の評価時間など書かれていますが，40人近くの記録をとることはそう簡単にいきません。評価優先の授業では本末転倒です。でも，頑張って単元の中で2回ぐらいはとっておきたいですね。

授業のエラーを減らす！授業運営の極意

1 「あっ，蝶だ！」
視覚，聴覚情報を遮断する
授業開始の集合場所のポイント

☛ 「あっ，蝶だ！」

「あっ，蝶だ！」低学年では，誰かがこの一言を言った途端に学習の流れや子どもの思考が止まります。これは，何も蝶に限ったことではありません。飛行船やヘリコプターが，上空を通れば大騒ぎ。せっかく集中していたのに「参ったー」という経験をお持ちのことでしょう。「蟻」でも「カマキリ」でも，「人」でも「車」でも，動くものを見た時には，大人でも意識がそちらに向くことは自然なことです。歌や音でも同様です。

グラウンドであれば，次のようなところは集合場所として不適切です。

×目の前に道路がある
　人など動くものや面白い広告のある車などが通るかもしれません。
×音楽室や家庭科室などがよく見える校舎の前
　音楽室から聞こえる歌，笛の演奏，家庭科室では調理実習の材料など音やものは大敵です。

反対にどんな場所がよいかというと，
○　**体育館：目の前が壁**
余計な視覚情報が全くありません。
○　**グラウンド：普通教室の校舎の前や植樹された前**
比較的動きが少ないところです。

このように，授業開始の集合場所は極力目の前に動くものがない場所，音が聞こえない場所に集合させることが大切です。

でも，気がそれそうになった時は

　さすがに飛行船やヘリコプターが見えないグラウンドはありません。また，学校によっては，どうしてもグラウンドの内側を向かざるを得ない場所もあるでしょう。

　飛行船が通り，大騒ぎになった時に「静かに！」と叫ぶ対応は，子どもの興味や関心を引き出す教師の立場として「よろしくない」ですね。では，どんな対応をすればよいのでしょう？

　低学年であれば，「書いてある字が読めるかな？」と聞いて，答えた子をほめてあげることも1つの手です。高学年であれば，「飛行船が飛んでいる高さは何メートルぐらいなのかね？」「みんなが見えるように飛んでいる時は，400m～600mぐらいのようです」「オリンピックに出場する長距離ランナーは，飛行船が飛んでいる高さよりもっと高い，2000mや3000mの高地にわざわざ出かけてトレーニングすることもあります。どうしてかな？　空気の薄い高地に行ってトレーニングすると心臓や肺が強くなり，普通の高さでは速く走れるようになったりするんだよ」など，身体やスポーツについての関心を深める話をしてあげて「ふーん」と思わせられたら落ち着きます。

　大騒ぎを否定することに終始するより，短時間に「ほー」「ふーん」「なるほど」と思わせて終了させることがベストです。

12 「先生，よく見えません」
観察させたい方向を意識する
運動観察の方法

 距離と隊形

　運動を理解したり，ポイントを発見し共有したりするには運動観察が欠かせません。

　でも，「先生見えません」となってしまっては意味がありません。運動モデルをよく見えるようにすることが大切です。「見てみましょう」と言えば，すぐに近くに寄りたがるのが子どもたちです。「近いからよく見えるだろう」という意識ですが，場合によっては「木を見て森を見ず」の世界で，かえって見えにくくなってしまいます。

　例えば，走り幅跳びの跳躍姿勢を観察させる際，どのぐらい離れればよく見え，わかりやすいのでしょう。少なくとも3m程度跳躍する子との間を空けなければ全体像が見えにくくなります。また，観察する人数にもよりますが，片側に30人では10人ずつの3列になります。両側に分かれ7・8人2列にした方が見やすくなります。

　跳び箱で踏み切りを見せたければ，見える位置で両側に座る子，立つ子と配置してあげる必要があります。

見せたい方向は？

　運動観察は「何を見せたいのか」という，観察の観点から方向が決まります。前述の走り幅跳びの空中姿勢は「横から」でした。しかし，着地の時につぶれて「ん」の字になっていれば足裏が見えるので，それを確かめるのであれば「正面」（写真②）ということになります。

　こうもり振り下りの「顔が上がったら着地」というポイントを見せたい場合は，やはり正面（写真③）からということになります。バスケットのチーム練習で待っているチームに「誰が空いているスペースによく動いているか」を見せたい時は，２階ギャラリー（写真④）からの方がよく見えます。ただし，安全面の約束はしておきましょう。
　このように，観察させる方向も意識する必要があります。これは，相互観察の場合でも同様です。

13 「教え合おう」だけでは不十分！
運動のポイントに着目する
運動のポイント理解と教え合い

 運動の知識を持っているか

　教え合うことは協同的な学びの基盤です。ですから，学びを深める上で教え合いが大切なことはどの教科も否定しないでしょう。

　体育の研究授業でも，「教え合う」と指導案によく書かれています。ところが，実際の授業を見ると，周りに先生がいるので仕方なく話し合っているように思える場面を見かけます。さらに，話し合っている中身が「今日の給食何だろうね？」「今日遊べる？」など，学習と関係ないことすらあります。

　勿論，頑張って教え合うこともあります。例えば，鉄棒の膝掛け後ろ回りで見かけた教え合いの場面です。何回か挑戦するのですが，うまく回ることができない子がいました。子どもの話を聞いていると，次のような声が聞こえてきました。「勢いが足りないよ。もっと勢いをつけて」「回ろうとする時お尻が落ちちゃってるよ」。こうした声は，動きの現象を伝える点では間違いではありません。しかし，どうしたら「できるようになる」という観点では，役立つ情報ではありません。教え合うためには，その運動について「どのようにすればできるのか」というポイントを理解していることが前提となります。つまり，運動の知識が必要になります。大人でも知識や経験がなければ考えることも，教え合うこともできません。

 教えることは最小限に，あとは発見させる

　膝掛け後ろ回りのポイントは数多くあります。その中でも，次の3つだけ教えます。

①掛けた足の反対の足を振る。
②「いーち，にーの，さん」の「さん」で膝裏を鉄棒に引っかける。
③引っかかったら，逆上がりのようにグルリと後ろに回る。

「手は肩の幅」「振り足を鉄棒にくっつける」「起き上がる時はつぶれて曲げた肘を伸ばす」などの技能的なポイントは，上手な子をモデルにして発見させます。1回の授業で1つか2つ理解させることで，課題が発展的になります。勿論，膝掛け後ろ回りの学習に入る前に「膝掛け振り」「補助の膝掛け逆上がり（膝掛け後ろ回りの最終局面）」を扱っておくことが必要です。

　理解したポイントを教え合う

技能ポイントを共通理解することで，技能的な面で不十分な子も上手な子に教えられます。教えることで，自分の技能を見直すことにもなります。

「何も教えず」「何も考えさせず」，「さあ，教え合いましょう」では，教え合い（愛）は成立しません。次のような学習の進め方がよいでしょう。

①教える→②教えられたことを相互観察，教え合う→③新たなポイントの発見→④発見したポイントの相互観察，教え合う

これは，器械運動に限ったものではありません。陸上運動でも，ボール運動でも同様です。

14 「もっとやりたいのに…」運動頻度を保障する
技能向上に必要な場, 教具の個数

 「もっとやりたいのに…」

　うまくなるには，運動理解と同時に頻度の保障が大切です。「まだ自分の順番が回ってこない」と思うようではうまくなりません。40人に2台の跳び箱は困ります。反対に10台を用意することも，準備，片付け，待機や相互観察，仲間とのかかわりなどの点から意味がありません。学習内容と授業効率に応じた，場や用具の数があります。また，適正なゲームの人数を考慮することも必要です。

 人数に応じた場

　走り幅跳びは，砂場の位置や大きさによって1カ所で跳ぶ人数が左右されます。同じ8m×4mの砂場でも，使い方で1カ所で跳ぶ人数が変わります。砂場横の手前に助走スペースがある場合は，右図のように使用すべきでしょう。30人のクラスであれば，右はコース15人に対し7，8人ですみます。勿論，安全確保のためにコーンの後ろを回る指導も必要です。

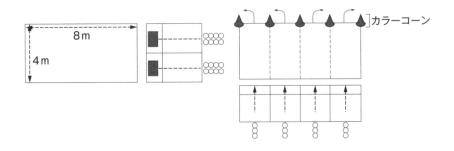

人数に応じた教具（用具）の個数

人数に応じた教具の個数は，以下のようなものです。
・マット＝4人に1枚　・跳び箱＝6〜8人に1台　・鉄棒＝4人
・ボール壁ぶつけ＝4人に1個　・キャッチボール＝2人に1個
・走り高跳びスタンド＝6〜8人に1台
・ダブルダッチ＝4人に2本　・8の字跳び＝8〜10人に1本
・ビート板＝1人1枚

こうした教具の個数が保障されると，適度な頻度で順番が回り，上手になります。数が足りないものは，是非買ってもらいましょう。

 適正なゲームの人数

ゲームをするのも学習内容に応じた人数があります。
・はしごドッジ＝4人（外野2内野2）（右図）
・魔王ゲットゲーム（P120参照）＝4：2（数的優位）
・ハーフコートバスケット＝4：2（数的優位）
・アルティメットオールコート（20m程度×14m程度）＝4：4
・リレー＝8〜10人　・フロアアタックバレー＝3：3or4：4
・よじ登りジャンケン・手押し車ジャンケンなど2チーム対抗＝何人でも

ダブルダッチ

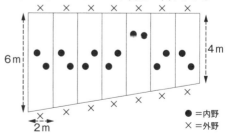

はしごドッジ

15 「固い，怖い，痛い」補助アイテムを活用する
補助アイテムでやりたい気持ちを引き出す

👉 **固い，痛い，怖い＝やりたくない，うまくならない**

「皮がむけた。痛い！」こんな状態では，「やりたくない」という気持ちが生まれます。意欲が薄れると同時に活動をしなくなり，うまくなりません。大人でも固い，痛いでは，やろうとする意欲が削がれます。子どもでしたら尚更です。固い床の上では誰も前転しようとは思いません。

「やりたい」という気持ちにさせるためには，「固い，痛い」という痛みを低減する教具（用具）が必要になります。例えば次のようなものです。これらの教具を用意するだけで，意欲的な活動につながります。

---

① 鉄棒補助具→だるま回りや膝掛け後ろ回り
② ハードル→柔らかい素材
③ 走り高跳び→ゴムバーやバーに断熱材をつける
④ 台上前転やはね跳び→重ねたマット
⑤ ドッジボールやサッカー→柔らかいボール

補助具

板ではなく柔らかな素材のハードル

断熱材を巻いたバー　　　　　　　　　　　　跳び箱ではなくマット

　鉄棒の補助具は，補助具自体が鉄棒との摩擦に効果的です。肘や膝裏の痛みや皮がむけることを防いでくれます。活動の頻度にもよりますが，補助具を使用しても25分程度が限界です。

　ハードルや高跳びは，見るからに固いものに対する抵抗や足が当たることによる痛みをどうするかが課題です。ハードルや高跳びの板やバー自体が柔らかい素材のものを使用したりカバーをつけたりするだけで意欲が増します。

　台上前転やはね跳びは，跳び箱という教具そのものが固いことにより，抵抗が生まれます。感覚を身につけさせることを主眼とする方が現実的ですし，できる喜びをもたらします。小マットがない場合は，180cm×90cmのマットを横にすれば大丈夫です。

　ボールゲームでも「固い」「痛い」は禁物です。ドッジボールやハンドボール，サッカー，バレーボールなど「パンパンな固いボール」を使うと，逃げ出す子が出てきます。柔らかく痛みがないばかりでなく，何にでも使えるミカサのスマイルボールなどを使うだけで，子どもの動きが変わります。

汎用性が高く柔らかいボール

16 「こんなの無理！」技能を最初に把握する
技能把握，適度な課題

👉 「どのくらいできるの」技能把握を最初に

　子どもが「無理！」と思う原因の1つに，技能把握の精度の低さがあります。「よじ登りを見たら，壁逆立ちができそうだ」「キャッチボールを見たら，投捕の技能が十分ではない」など，観察した技能から授業を進めなければならないのですが，技能把握が十分でないため「無理」となってしまいます。

　この頃は単年度契約の先生が増え，その教材に入るまで「何がどれだけできるのか」が，全くわからないことが往々にしてあります。3年生の算数で，繰り上がりのある足し算ができない子はほとんどいないはずです。ところが体育では「エッ！」と思うこともありますね。勤務校のカリキュラムがしっかりしていて最低限の到達目標が達成されていれば，そんな苦労もないのですがそうもいかないのが現実です。ですから，尚更技能把握が大切になります。

　「じゃあ，どうしたら？」と思うかもしれません。簡単です。「おりかえしの運動」（P56）と「ボールの投捕」（P60）を学年当初に組み合わせて4～5回取り組んでください。これで，子どもの技能実態が掴めます。

　「何故わかるの？」という質問が返ってきそうです。

👉 さまざまな基礎感覚や身体能力が身についているかわかる

　おりかえしの運動で行う，クマさん走りやウサギ跳びで支持，逆さなどの基礎感覚が身についているか一目瞭然です。クマさん走りが速くできる子は，マットや跳び箱などが上手にできます。ケンケンや戻る時の走る様子を見れ

ば，走力や身体の使い方などがうまくできているかすぐわかります。走力があれば，当然幅跳びでも遠くに跳べるし，ハードル走もそれほど困らないでしょう。

　ボールの投捕は，ゲームやボール運動の基本です。この技能が身についていなければ楽しむために回り道をしなければなりません。

おりかえし

キャッチボール

　勿論，1，2年生はいきなりキャッチボールは無理でしょう。投げ上げ取りや下手投げのキャッチボールから始めていくのは当然です。

　3，4年生は4m程度からオーバーハンドのキャッチボールを始め，徐々に距離を伸ばす。5，6年生であれば，バスケットのパスや操作。シュートを入れてもよいでしょう。自分で下手投げで投げ上げ，どこまで捕れるか挑戦することなども楽しみながら，かつ，力をつけながらの実態把握につながります。

　「子どもを知る」ことが「初めの一歩」になることは，誰よりも先生方がよくわかっていることだと思います。2つの教材で実態を掴んでください。

17 「いつも負けばかり…もう嫌!」未確定性を保障する
「負け続け」にならないチームづくり

👉 「また負けた…」では…

　運動会の話の中に,6年生の子のこんな逸話があります。「ぼくは5年間運動会で1度も勝ったことがないんだ。今年負けると6連敗…。負けたくないなあ」この気持ちはよくわかりますね。

　体育の授業は勝敗がつきものです。「勝った,負けた」の経験は,喜びや悔しさを生みます。勝敗を通して運動・スポーツに価値を感じたり,負けたことを自分の能力の問題にすると「またやりたい」と思う動機付けが低下したりします。勝敗は体育の「好き,嫌い」にもつながります。運動会でなくとも,いつも負けてばかりでは嫌になるのは当然でしょう。「勝ったり,負けたり」だからこそ楽しくなります。

👉 勝敗の未確定性の保障 「負け続け」にならないためには

　高学年で50mを11秒走る子が,8秒で走る子と走りたいと思うでしょうか(P108入れ替え走参照)。初めから負けるとわかっていれば勝負したくはなりません。そこで,次のような未確定性の保障を考えてみましょう。

---

①多様な評価→おりかえし(P56参照)
②ジャンケンの偶然性の利用→よじ登り,おんぶ,ドンジャンケンなど
③個人・チームの均等化→かけっこ(P108参照),リレー(P112参照)

チームづくりのポイント

　リレーならば走力に応じてチーム分けは可能ですが，ボールゲームになるとなかなかそうはいきません。低，中学年は，次の方法がよいでしょう。
①班を利用➡ゲームの回数が増えるミニゲームの入れ替え戦方式
②先生がつくる➡キャッチボールなどの基礎データ，関係性を考慮する

　一方，高学年は自分たちで決める方が納得するでしょう。決める時は，互いの力をある程度理解していることが必要です。基礎データを示すこともよいでしょう。例えば，バスケットの一定時間でシュートが入った数など。

　また，どういうチームが「よいチーム」かを事前に話し合っておくことも有効です。「シュートがたくさん打てる」「パスを上手に出す」など技能的な面や「失敗した仲間に声をかける」「負けた時こそみんなで声を出す」「文句を言わない」「仲間にアドバイスできる」など情意的，態度的な面も意見として出されるでしょう。こうしたよいチームの条件を理解させてからチームを決めると多くの子が納得するチーム決めになります。
①互選でリーダーを決め，リーダーが相談して発表する。
②互選でリーダーを決め，リーダーが選んでいき，最後の二巡は決まっていない子の希望で決める（希望が重なったらジャンケン）。
③互選したリーダーと教師が相談し，提案して意見があれば調整する。
など，さまざまな決め方があります。いずれにしても技能下位の児童の意見を尊重することとチームを決めたのは自分達だから，負けても自己責任であるという自覚を持たせることが必要です。

　リレーやボールゲームでは，こうしたプロセスを経て決めても負け続けることもあります。ここが教師の出番です。リレーのオーダーやゲームの戦術をアドバイスしたり，活動を評価，応援したりします。それが，負けているチームのみならず，他のチームにも「先生は弱い仲間の味方なんだ」という価値観のメッセージを出すことにつながります。勿論勝ってほしいですね。

18 「ボールを取るのに時間がかかる…」取り出し方を決めておく

スムーズなボールの取り出し方

 取り合いにならないために

　子どもたちはボールを使うことが大好きです。何も言わずに「取っておいで」と言った瞬間に，我先にと駆け出し取り合いになったことはありませんか。
　ゲームでしたらボールの個数はコートの数ですみますが，キャッチボールやパスなどでは2人に1つのボールがあった方がいいに決まっています。こんな時，整理カゴが複数あればまだしも，多くの場合，バスケットボール，サッカーボールなど，それぞれ1つしかないのが実情でしょう。特にボールが体育館の倉庫に入っている場合に前述の方法をとることは最悪です。
　ボールの個数にもよりますが，次のようにするとよいでしょう。

---
①ボールの入ったカゴは倉庫から出し，取りやすい位置に運んでおく。
②1つの列（班づくりP8参照）を指定し，取りに行かせる。
③取り終わったら別の列を指定して取りに行かせる。

　ボールを片付けるときも同様です。それでも，8～10人が取りに行くことになりますので，上手に取りに行けた場合は「1列目上手だね」とほめる評価を忘れずにしたいものです。
　また，ボールを持ったらついたり，転がしたりしたくなるのは人情です。でも，こうなるとドタドタとうるさくなり，次の説明や指示をするために，注意をする必要が出てきます。

こうならないために,「待っている時,話を聞く時は,ボールは座った足の下」という約束をしておくとよいでしょう。

👉 「サンタクロース,よろしくね」でボール運び

　グラウンドの倉庫に必要なボールがあればよいのですが,学校によってはスペースがなく職員室の前にボールが置かれている時もあります。また,倉庫があってもゲームをする場所から遠く,一々取りに行かせるには時間がかかる場合もあります。

　こんな時は,ボールの運搬が必要になります。カゴよりボールネットの方が便利です。先生が運ぶ必要がありません。子どもたちが運びたいからです。「サンタクロースをしてくれる人？」と聞けば,手が挙がります。プレゼントを運ぶように持って行ってくれます。持ち帰る場合も同様です。体育係がいれば,事前に頼んでおくことも可能でしょう。

　ただし,ネットは出したり,入れたりするのが面倒です。サンタクロースの子に「ネットを開いてあげてね」と頼んでおいて,「上手」と評価してあげれば,他の子も同じようにしてくれるはずです。ボールをしまう時も同様です。

コラム

笛より太鼓

　「ピーッ！」「ピィピィー！」などの大きく強い笛の音は，グラウンドいっぱいに広がり，ゲームに夢中になっている選手や運動会など多くの観客の大声援の中で活動している場合には「聞こえる」という点から必要です。
　でも，40人程度しかいない授業の中ではどうでしょう…？

　太鼓（天野式リズムが太鼓など）が何よりよい点は，リズムがつくれることです。
　運動にはリズムがあります。側転であれば，正面から「イーチ，ニー」と2回踏み込んで，着手，回転するまでの動作を「トン，カン，トン，カン，トットーン」とリズム打ちできます（カンは太鼓の胴を打つ音）。
　これは集合の合図などにも使えます。ゆっくり歩いておいでと表現したい時は「トン，トン，トン，トン」とゆっくり打ちます。急いでおいでという時には「ト，ト，ト，ト，ト」と速いリズムで打ちます。いずれにしても，響きが柔らかいので強制されている感じがしないところがメリットです。
　ボールゲームのゲーム開始や終了の合図も太鼓の音で十分です。

第4章

「できた!」を引き出す！基礎感覚づくりの極意

1 「もう少しやりたい」という思いを持たせる単元計画

低・中学年の単元構成は1時間2教材で

👉 「細く・長く」がポイント

　1時間1教材の単元構成（A）と組み合わせ教材で単元を構成する（B）という2つの考え方があります。左はAの単元計画です。右は，Bの単元計画です。

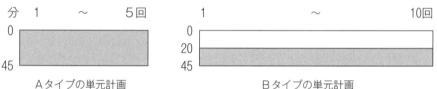

Aタイプの単元計画　　　　Bタイプの単元計画

　一般的にAタイプの単元計画が多く見られます。Aタイプは高学年の構成としては有効な場合もあります。しかし，低・中学年はBタイプのように1回の授業時間は短く，授業回数が多い方が有効です。そのメリットは次のような点です。

①「やった，できた」につながる	②自信が育つ
③「またやりたい」につながる	④「痛い，嫌」にならない
⑤他の教材に入る前の基礎感覚が育つ	⑥多くの教材を扱える

① 「やった，できた」につながる

　「できる」「上手になる」には練習回数が必要です。「壁逆立ち」が全員できるには4，5回では難しいことは教師誰もが経験しているでしょう。できやすい頭つき逆立ちから始めて，壁逆立ちにつなげればほとんどの子ができるようになります。運動の頻度と感覚づくりが「できる」ことを保障します。

5回の授業は2週で終わりますが，8回の授業は3週にわたってできます。

② 「ぼく，私ってなかなかやるよね」という自信が育つ

できることで「ぼく，私ってすごいよね」という有能感や「頑張ればできるんだ」という自己統制感を生みます。それが生活化につながり，好きな体育がもっと好きになります。

③ 「またやりたい」につながる

低・中学年は，短い時間で繰り返す方が集中して取り組めます。「もう少しやりたかったのに」という思いが「またやりたい」につながります。

④ 「痛い，イヤ」がない

「45分鉄棒ができますか？」…大人でも嫌ですね。長時間では，手や足の皮がむけ，「痛い，イヤ」になってしまいます。身体的・心理的抵抗が生まれることを防げます。

⑤ 他の教材に入る前の基礎感覚・基礎技能が育つ

頭つき逆立ちの学習の前によじ登りや手押し車を扱っておけば，逆さ，支持の感覚が事前に身につけられます。関連するからといって45分の授業に並行して扱っては，頭つき逆立ちはなかなかうまくなりません。同様に，はしごドッジをする前に，キャッチボールや壁ぶつけを扱っておけば，スムーズにゲームに入れます。このように，基礎感覚，基礎技能を事前に扱えます。

⑥ 多くの教材が扱える

低・中学年は始めて経験する内容がほとんどです。できるだけ多くの教材を扱うことでさまざまな動きが身につきます。年間105時間といっても，実質できる授業は95時間程度でしょう。1回45分で各8時間の単元計画では年間12の教材しか扱えません。Bの単元計画ならば，同じ授業回数でも2倍の24教材を行えます。

12 「おりかえし」が基礎感覚づくりの基本

基礎感覚を育てる多くの運動を取り込んだ教材

☞ おりかえしの運動

「おりかえしの運動」という運動はありません。一定距離（9m程度）を移動する中で，さまざまな意味ある運動を行う教材を指しています。班ごとにバレーコートの横を使って行うと効率的です。また，運動強度の強いものもありますので，行きは決められた運動，返りは走る形式がよいでしょう。

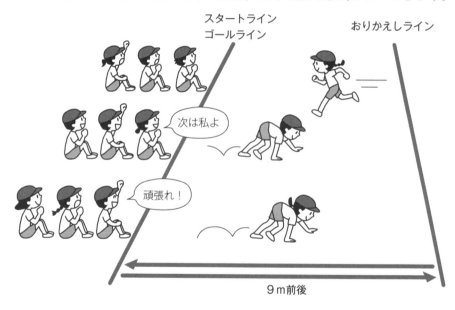

逆さ，支持，体幹の締め，手足の協応動作などさまざまな基礎感覚が育ちます。次のような運動を取り入れると効果的です。

> けんけん，手足走り（クマさん），ウサギ跳び，カエル跳び，クモ歩き（前・後ろ），アザラシ，カンガルー（両足跳び），ケンパー，ケングー

　慣れてきたら，「後ろ向き走」「後ろ向きクマ」「横向きクマ」「後ろ向きケンケン」「4人でのトンネルくぐり」「4人組ムカデ」などを学年に応じて入れていきます。この他，2人組の手押し車・おんぶ（行き返りで交代）などもできます。学習の進め方として**①最初は運動ができるか**，**②一定時間で戻れるか（教師がカウント）**，**③リレー**というように段階を踏むとよいでしょう。リレーはポイント制です。10班あれば9班までが速かった班にしてしまいます。速さだけの勝負にすると，いつも負ける班がでてしまうこともあります。ですから，終わった時の手の挙げ方，座り方，応援の仕方，タッチなどルールをきちんと守っていたなど，態度の評価もポイントにしてしまいます。低学年は全部の班が「優勝」でも問題ありません。ただ，時には負けたチームをつくらないとはり合いがなくなってしまいます。

クモ　　　　　　　アザラシ　　　　　　カンガルー

クマ

ウサギ1，2

13 「逆さまだ…」逆さ感覚を育てる
体つくり・マット, 鉄棒の運動例

👉 逆さ感覚

　高学年で「逆立ちができませーん」「側転ができませーん」「逆上がりができませーん」などなど,「できませーん」のオンパレードは困ってしまいます。実は「逆さ感覚」が身についているか否かで, こうした運動ができるかどうかが左右されます。逆さ感覚は, 頭が腰の位置より下がった状態の動きを経験することで身につきます。小学校の低・中学年は, 多くの感覚を身につけるのに最適な時期です。「逆さ」「支持」「めまい」など, 非日常的な感覚を楽しめます。この時期に多くの基礎感覚を身につけてほしいものです。
　逆さ感覚を身につけるためには, どのような運動があるのでしょう。

① 体つくり・マット

よじ登り逆立ち

・壁に背中を向け, よじ登る。
・肘・お腹に力を入れ身体を真っ直ぐ伸ばす。

背支持倒立

・身体を後ろに倒し, 腰に手をあてる。
・腰を伸ばし, 肩で身体を支える。

② 鉄棒

カエルの足打ち

・手で身体を支え両足同時に上げる。
・左右の足を打つ回数を増やす。

布団ほし

・支持の姿勢から身体をゆっくり前に倒す。
・腰で鉄棒にぶら下がる。

こうもり

・足抜き回りか，後ろに回した手で鉄棒を握った姿勢から，膝裏を鉄棒に掛ける。
・最初は手をつける高さ。両手をついて前（頭側）に進み，足を離して下りる。
・慣れたら両手を離してぶら下がり，絵や文字を書いて少し振って下りる。

14 「ボールの投捕」
遠くに投げたり捕ったりする
投・捕の動きを身につけさせる

 踏み出して投げてみよう

　こんな投げ方の子，いませんか？　これでは，遠くに投げたり，強く投げたりできません。ゴール型のゲームを楽しむこともできないでしょう。壁ぶつけを例にして，モデルの子に投げ方を見せてもらいます。

線をまたいで体を　　肩を後ろに引いて　　1歩踏み込んで　　投げる
線と横に向けて　　　前の足を上げ
　　「いーち」　　　　　「にーの」　　　　　　　　　　　　　　「さん」

　これで，投げる腕と反対脚（ステップ脚）を上げて前に出しながら，引いた腕と体の捻転動作を利用し，体重移動をしながら肩が腕やボールをリードするように（ムチを打つように）投げる動作を理解させます。線を2本引き，

投げる方向に対して横を向いた姿勢から前の線をまたいで投げることがポイントです。こうした動作を理解させて，投げて壁に当てる距離を伸ばしていきます（1本でもOK）。グラウンドであれば線を複数本引き，体育館であればラインを利用したりコーンを置いたりして距離を伸ばします。1カ所で6回当てたら，次の線に移ることを説明し，1人1分～2分程度取り組ませます。

 どこまでキャッチ1・2

キャッチボールは，投捕の技能を高めるために必要な運動です。しかし，繰り返すだけでは面白くありません。そこで，以下の方法で達成感を持たせながら取り組ませます。

①どこまでキャッチ1→2人組で距離を伸ばしていくことに挑戦させる。2人で6回とれたら1本ずつ距離を伸ばしていく。何点とれるか（写真）。
②どこまでキャッチ2→2人で一定距離（20m程度）を落とさずにパスをしながら往復して何点とれるか挑戦する（図）。

どこまでキャッチ1

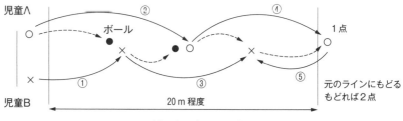

どこまでキャッチ2

15 「なわに入って，とんで」感覚を身につけさせる

長なわとびの回し方・タイミング

👉 なわを回す　4人1組

　長なわとびは回し手と跳ぶ子のコラボレーションです。なわを回す感覚を身につけさせ，なわ回しが上手な子を増やすことが，楽しく意欲的に取り組める第一歩です。なわの長さは4m（全学年で使えるよう）とします。

　何も言わずに回させると，なわが床に当たらなかったり，すごいスピードで回すことが普通です。教師ともう1人の子で回すモデルをします。体育館のラインを使うと位置がわかりやすくなります。以下が回すポイントです。

---

①長さの調節をする→手に巻いて少し短くし，回しやすくする（低学年）。
②肩から大きく，ゆっくり回す→リズムは教師が口で言う。「トーン，トーン」
③膝でリズムをとり，2人同じリズムで回す→なわがよれないように。
④床に当たるように回す→床に当たるまで寄っていく。

　10回ずつ交代で回させ，「上手」「もう少しゆっくり」など評価します。ペア以外の子とも活動させ，誰とでも回せるようにします。

中，高学年でも実は同じです。最初の2，3分で回し方をチェックしてあげましょう。

👉 大波小波　なわの中で跳ぶタイミングを掴む

なわの横に立ち，揺れ戻ったなわを跳ぶ

回旋するなわを跳ぶ

　大波小波の歌を知らない子もいるでしょう。歌も教えながら動きを理解させ，班で交代しながら取り組ませます。慣れてきたら2人で跳んだり，「郵便屋さん」も教えて取り組ませたりします。

👉 くぐり抜け　なわに入るタイミングを掴む

回旋するなわの前に立ち，なわが目の前を通り過ぎたらくぐり抜ける

　「かぶりなわ（上から来るなわ）」に入るタイミングを掴む活動です。なわをゆっくり回す，うまく入れない時は「ハイ」と声をかけたり，背中を軽く押したりさせます。入る，跳ぶ感覚が身につけば8の字跳びが跳べます。

16 「顔つけ」から始める水慣れ
顔をつける，潜る，浮く感覚を身につけさせる

👉 水は楽しいけれど，ちょっぴり怖い！

　子どもは水遊びが大好きです。水はたまらなく魅力的な存在です。ところが，水泳は気温・水温・風力などの環境によって左右される運動です。気温が高く，風のない日にプールに入れてあげたいと思っても，温水プールでもない限りどうしようもありません。また，水が持つ粘性，浮力，水圧などがマイナスの要素になることもあります。普段の生活では，意識しなくともある程度は自由に身体を動かすこともできるし，呼吸もできます。しかし，水中ではこうした当たり前の身体操作や感覚が束縛され，不自由な自分が生まれます。水の中で自由な自分を取り戻すためには，低学年で身につけなければならない（クリアーしなければならない）いくつかのことがあります。

　低学年の水泳の授業では，次のようなことを身につけさせましょう。

---
①顔を水につける　②息をこらえる　　③水中で息がはける
④潜る　　　　　　⑤体を浮かす

👉 水がかかっても大丈夫？

　最初にクリアしなければならないのは「顔つけ」です。これができなければ，一歩も先に進めません。シャワーと水のかけっこでチェックしましょう。
　シャワーで「息を止めて顔を洗ってみよう」と話し，様子を観察すれば，すぐに顔つけができるか判断できます。シャワーで把握した子を重点的に指

導します。水のかけっこは，「先生が凍ったお化けになり，先生に思いっきりかける」活動や「男女対抗戦（逃げた人数の少ない方の勝ち）」で，「飛び散る水が顔にかかっても平気」にしていくことが大切です。「顔に水がかかっても手で顔を拭かない」ことができたら，「素晴らしい！」とほめてあげましょう。

シャワー

水のかけっこ

水中走り

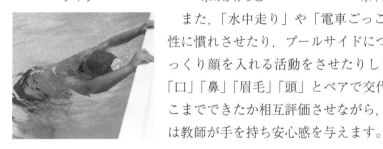

また，「水中走り」や「電車ごっこ」で水の粘性に慣れさせたり，プールサイドにつかまってゆっくり顔を入れる活動をさせたりします。「顎」「口」「鼻」「眉毛」「頭」とペアで交代しながらどこまでできたか相互評価させながら，厳しい子には教師が手を持ち安心感を与えます。

潜ってみよう

「ワニやカニになって歩いてみよう」という活動に「エサをとってみよう」「ブクブク息を吐きながら潜ってみよう」という課題を提示し，頭を水の中に入れるようにさせることも有効です。「ロープ（リング）がくぐれるかな」という課題も同様です。

こうした活動と並行して，2人で手をつなぎ，交互に潜る活動をします。互いに手をつなぐことで安心感が生まれます。「1，2とできたら合格」から始め，徐々に潜る時間を長くします。慣れてきたら，2人で手をつなぎ，

ワニ

手をつないで潜る

「もぐりっこ競争」をさせましょう。

　ジャンケンに負けた子が足を開き，勝った子が開いた足の下を潜る「ジャンケンまた潜り」も楽しい活動です。2チーム対抗戦にすると盛り上がります（3人勝ったらチャンピオン。チャンピオンが多い方の勝ち）。

もぐりっこ競争

ジャンケンまた潜り

 ## 浮いてみよう

　身体が水に浮く感覚は楽しいものです。最初は水深が浅いところで行えると安心感が持てます。慣れてきたら深いところでも行います。息を大きく吸い込み力を抜いて浮くことがポイントです。教師が大きな声で「1・2・3…」と数え，5秒，10秒と浮く時間を伸ばしていきます。

　慣れたら，伏し浮きや仲間と手をつないで「花を咲かそう」という活動も喜んで取り組みます。

だるま浮き

クラゲ浮き

伏し浮き

花を咲かそう

 浮く，潜るをさらに楽しむ

宝さがし

いかだ引き

　ダイブリングを拾う「宝さがし」は，誰もが楽しめます。2チーム対抗戦がベストです。

　ここまでくれば，バブリングやボビングは簡単です。仲間に引いてもらう「いかだ引き」もできるようになります。発展的に課題を与え，繰り返して身につけさせましょう。

17 「全力で走るって楽しい！」と思える言葉かけ

経験を増やし，ポイントはちょっぴりと

👉 まず走ることを楽しませる！

走ることは誰でもできます。まずは走ることを楽しませることが大事です。折り返しで戻るときの全力走，鬼ごっこの急発進・急停止・向き変え，ドンジャンケンのカーブ走など，さまざまな走り方を経験させてあげましょう。

短距離走（50m・100m），リレーなどで共通の課題となることは，学年によって異なります。かけっこ（入れ替え走）などで理解させましょう（P108）。

① こんな言葉かけで
・ポイントを毎時間1つずつ説明し，付け加えていきます。
・ゴールして待っている子に
　→立ったスタート姿勢でないかな？
　→隣を見て走っている子はいないかな？　見ててね。
　→隣のコースに入ったらアウトだったね。いるかな？
　→手が「グー」になっている人はいないかな？

② **低学年**

姿勢

横を見ないで走る

スタート→後ろの足が1歩目（前の足をその場で一度踏んで出ない）
中間疾走→横を見ない，真っ直ぐ走る（隣のラインに入らない）

③ 中学年

スタート→低い姿勢から
「ヨーイ,で低く」

中間疾走→前を見て,腕をしっかり振る
「あごを上げない」
「手をぐいぐい振って」

　低・中学年の場合は,ゴールで止まってしまう子がいます。これでは記録は伸びません。ゴールの先まで走ることを意識させましょう。

ゴール→走り抜ける
「止まったらアウト」
「ゴールの5m先まで走ろう」

④ 高学年

スタート→低い姿勢で前足に体重をかけ,後ろの足でしっかり蹴る

中間疾走→「腕を真っ直ぐ振る」「指に力（伸びた状態）はアウト・グーもアウト」

「地面をしっかり蹴る」「左右の足を素早く入れ替えて」「かかとをお尻に」

スタートが大事（10m程度）

　短距離走はスタートが遅いと，それだけで0.2秒程度違います。いろいろな姿勢からスタートしてみることで反応がよくなり記録が伸びる子もいます。「〇秒以内合格」と説明し，カウントすると楽しく取り組めます。

長座から ▶

 スーパーマンから

 コーナーの走り方

　リレーでは必ずカーブを走ります。50m走は速いのに，リレーの時は遅いなあという子もいます。これは，カーブの走り方がうまくいっていないからです。

　低・中学年でドンジャンケンや回旋リレーなど，曲線を走る経験が少ないとこうなりがちです。カーブを走るのが上手な子をモデルにして，体の傾きや手の振りを観察させましょう。

体を内側に傾けて走る
「体を内側に」「右手をしっかり振って」

18 「ゲーム化」で繰り返しを楽しむ
基礎感覚・技能の定着1

繰り返しを楽しみ「量」の確保を

　動きや感覚の定着には時間がかかります。繰り返して取り組むことが必要になります。だからといってトレーニングになってしまっては，「やりたい」という思いは引き出せません。ゲーム化することで「量」が確保され「質」が高まります。ゲーム化には「ジャンケン」「リレー」などの方法があります。

① ジャンケン方式
　ジャンケンは何より偶然性が魅力です。「勝敗の未確定性」が個人の能力差を埋め，楽しく活動ができます。2つの活動を紹介します。

手押し車ジャンケン
「体つくり・マット」＝個人戦
　2人でジャンケンをして，勝った子が下になり，負けた子が足を持つ。6～10歩歩いたら別れ，別の相手を探す。3回勝ったら決められた場所に集まる。時間内に集まった子がチャンピオン。

ふとん干しジャンケン
「鉄棒」＝班対抗戦
　最初の2人がジャンケンをして，勝った子は残って次の子とジャンケンをする。2回勝ったらチャンピオン。一定時間内でチャンピオンの多い班の勝ち。

ジャンケンは「よじ登り逆立ち・おんぶ（体つくり）」「こうもり（鉄棒）」「ドンジャンケンやグリコジャンケン（走・跳）」など，さまざまな運動で活用できます。ドンジャンケンを除けば，1回のゲーム時間は1分から1分30秒程度で十分です。いつも勝つ子や班がある場合は，「ジャンケンに負けたら」と勝敗を逆転させることも楽しく活動させることにつながります。

② **リレー方式**
　リレーは当然班やチーム対抗戦です。運動によって，「早く終わったら勝ち」「できるだけ長くできたら勝ち」という2つの勝敗の決め方があります。おりかえし（P56）は前者。鉄棒のダンゴ虫リレーや短なわの○○跳びリレー（綾前，二重回しリレー等）などは後者にあたります。

ダンゴ虫リレー

二重回しリレー

　リレーは個人の力の総和が勝敗を左右します。短なわなどは，できるだけチーム間等質になるようデータを基にチームを組んであげる必要があります。折り返しリレーの場合は，早さだけでは評価しません。「タッチなど約束を守る態度」「応援の仕方」「話の聞き方」「座り方」など，授業を通して伝えたい多様な価値をポイント制にして，評価します。また，短なわとびは「できるだけゆっくり跳ぶ」ではなく，10回ずつ跳び「早く跳んだ方が勝ち」とすることもできます。

　ジャンケン，リレー共に①ある程度その動きができる段階で行う，②動きが不十分な場合は指導したり，補助したりする，③勝敗を明確にし，雰囲気を盛り上げるなどの前提や配慮がゲーム化をより楽しいものにします。

19 「数値」で達成感を持たせ、動きや感覚を定着させる
基礎感覚・技能の定着2

 8回跳べたら2年生

　「馬跳びで10回跳びましょう」、終わったら「ハイ、交代」で、やる気が生まれるでしょうか。誰でもできることやできるようになったことを「やる気にさせる」には、目標を設定し、それが達成できるかどうか挑戦させることが有効です。

　馬跳びが跳べるようになったら、20秒間に○回跳べることを目標に設定します。この○回がポイントです。目標を持たせる時に、クラスで一番跳べない子がクリアできる回数に設定します。例えば、10回は2秒以上に1回跳べばよいことになります。「これなら大丈夫」という数値を最低限の目標にするわけです。これで、みんな「ヤッター」ということになります。

　当然全員がクリアするので、2回目からは目標に段階的な幅を持たせます。「10回跳べたら3年生、12回なら4年生、14回なら5年生、15回なら6年生（伸びが難しいところは数値の幅を小さくする）」のように設定することで、個に応じた新たな目標が生まれます（この目標もクラスの実態に応じて設定）。

さらに，時間を20秒から30秒に変化させ，新たな目標を設定し直します。そうすれば，4回，5回と連続させても，目標に挑戦しようという気持ちになります。

目標の数値化の方法

①一定時間に何回→逆上がり（補助も），短なわスピード跳び，スピード壁逆立ち，壁ぶつけ，キャッチボール，サッカーのボールタッチ，前回り　等
②一定距離の回数を少なく→ウサギ跳び，ケンケン，25ｍの平泳ぎのキックやクロールの手のかき　等

③時間・回数を伸ばしていく→よじ登り逆立ち，頭つき逆立ち，短なわとび，長なわとび，伏し浮き，平泳ぎ　等
④同じ時間で距離を伸ばしていく→キャッチボール・アルティメットのパス　持久走　等

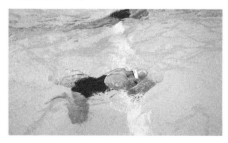

　このような方法で目標を数値化し，発展的に扱ったり組み合わせたりすることで，達成感を持たせながら動きや感覚の定着が図れます。

10 「低学年の指導」が キーポイント
低学年体育の充実が「できる」を保障

☞ **なぜ低学年が大事？**

　「三つ子の魂百まで」「鉄は熱いうちに打て」などの諺が示すとおり，低学年の体育は大事です。「エーッ，こんなことができないの」と先生方も授業で感じたことがあるのではないでしょうか。実際，体つくり運動は，低・中学年では「動きつくり」と言われる所以もそこにあります。

　低学年体育は12年間の体育授業のスタートです。この時期にポイントとなる運動の経験と基礎感覚・基本的な動きづくりが行われることで，その後の体育でさまざまな動きができるようになります。

　もちろん，細かな動きの習得は難しい時期です。大きな筋肉を使って「全力を出す」「全力で走る」「体に力を入れる」ことや「逆さ・めまい」を楽しく身につけさせましょう。こうした動きや感覚を身につけるためにいくつか中核となる教材があります。例えばこの章にある「おりかえしの運動」は，低学年の動き・感覚づくりにとって意味ある教材です。右ページに育てたい動きや感覚とその教材をあげましたので，参考にしてください。

　また，体育を「もっと好き」にさせるために，生活化につながる働きかけも大事です。なわとびや鉄棒は「できそう」と思うと，積極的に取り組みます。「友達とやってみよう」「A君に教えてあげて，できたら教えてね」等，かかわりを持たせながら活動を促しましょう。できたり，回数が増えたことを授業で紹介するとさらに意欲的になります。勿論，教えてくれた子をほめることを忘れずに。

　時には宿題を出すことも必要です。水遊びで顔つけができない子がいたら「自分で顔や頭を洗う」「お風呂でお父さんとカニさんブクブクの練習」とい

う宿題を出してみましょう。ただしお風呂の活動は1人でやっては絶対だめと伝えることも忘れずに。

身につけさせたい基礎感覚・基本的な動き	具体的な教材例
腕支持	動物歩き・よじ登り逆立ち・馬跳び・手押し車　等
逆さ	動物歩き・頭つき逆立ち・布団ほし・こうもり　等
前方・後方への回転	前回り・逆上がり・だるま回り・台上前転　等
全力を出す（力の入れ方・身体の締め）	ひっこぬき・ダンゴ虫・つばめ・壁逆立ち・ターザン
懸垂・振動	ターザン・こうもり　等
手足の協応動作	動物歩き
柔軟性	ブリッジ・ブリッジくぐり　等
高低差への対応	とびおり・ターザン　等
全力で走る	かけっこ・50m入れ替え戦・回旋リレー　等
片脚踏み切り・両足　着地	けんけん・グリコジャンケン・川跳び
ボールを投げる・蹴る・捕る	投げ上げとり・キャッチボール・壁ぶつけ・はしごドッジ・たまごわり　等
浮く・潜る・息継ぎ・進む	息こらえ・滑り台・伏し浮き・ボビング・ジャンケン股くぐり・けのび・いかだ引き
なわの操作能力	短なわ　前跳び〜二重回し
回旋するなわへの対応能力	長なわくぐり抜け・郵便屋さん・0の字跳び・8の字跳び

> コラム

体育係をつくろう

　特別活動の一環として係活動があります。自主的な活動としての位置づけも大事です。しかし，その観点からだけではなく，教科の係をつくっておくことも有効です。

　なぜなら，子どもは先生と話したいと思っています。好きな教科であれば，より積極的な会話も生まれます。

　また，先生にとっては用具の出し入れや運搬で係の子に頼むことができます。「体育館の倉庫からボールケースを真ん中に出しておいて」「フラッグを職員室に取りに来てくれる」など，係の子に頼みます。もちろん，活動したことを「ありがとう」「上手に出してくれたね」など評価してあげることを忘れてはなりません。

　「関係性が深まる」「先生がちょっと楽になる」という「Win-Win」の関係が成り立ちます。中学年以上であれば，こうした係も可能になります。是非試してみてください。

クラスが1つになる！授業づくりの極意

1 「オノマトペ」で動きがイメージできる言葉かけ

オノマトペで動きづくり

☞ 「トン・トン・クルッ」

「トン・トン・クルッ」と言われて「えっ，何これ？」と思うかもしれません。これは，跳び箱に着手をした状態で，その場でトン・トンと2回ジャンプして回る台上前転のリズムです。運動にはリズムがあります。音を言葉にしてわかりやすくしてあげると，その運動の感覚が掴めます。

「ト，ト，トン，パン，トン」これも跳び箱です。「これかなあー」とイメージできたでしょうか。そうです。3歩助走で踏み切って開脚跳びを跳んだ音ですね。リズムを擬態語で表しています。

「ケン，パー，ケン，パー，ケン，ケン，パー」などすぐわかりますね。

なわとびを跳ぶ音としてよいのはどちらでしょう？①「トン，トン」②「ドン，ドン」そうです。つま先で跳ぶ方がよいので①が正解です。上手な子に跳んでもらえばすぐにわかります。

一方，動きそのものを表す言葉もあります。

①「のばしてー，まげて」　②「てー，あし，てー，あし」

③「いーち，にーの，さん」

①は「だるま回り」で回転の勢いをつけるための足の動作を表しています。ブランコを漕ぐようにする動作です。

②は，ウサギ跳びで床に手をつき，手でかいて跳び，足をつける動作です。

①のばしてー　　　　まげて　　　　　②てー　　　　　　あし

③は，マットの「川わたり」や「側方倒立回転」での予備動作や，「ゆりかごから後転」「膝掛け後ろ回り」の予備動作の動きです。

③いーち（行って，戻って），にー　　の　　　　さん（手をつく）

「せーの！」は，すぐにわかりますね。集団マットや長なわの中で短なわを跳ぶ長短跳びの出だしのかけ声ですね。合わせるために必要な動きだしの言葉です。

声に出して伝える

　動きのイメージを互いに伝えることが何より大切です。運動をする時に仲間が「のばしてー，まげて」「いーち，にーの，さん」というように，声に出して伝えることで，動きのリズムがわかります。

　同時に，声に出して伝えることで，伝えている子もリズムがわかります。1年生なら先生が「てー，あし」と伝えることも必要ですが，さまざまな，動きを音にして伝え合わせるようにしましょう。

12 つまずいている子への有効な言葉かけ
役に立つフィードバックの言葉

👉 何をどうすればよいか，わかりやすく伝える

　上手くいかず困っている子は，動きのどこかにつまずきがあるからです。つまずいている点を具体的に何をすればよいかをわかりやすい言葉で伝えることが大切です。いくつか例をあげてみましょう。

① 逆立ち・はね跳び

　初期の逆立ちは，マットを見ないと頭が中に入りつぶれてしまいます。帽子をマットに置かせ，「帽子をずっと見て」と言います。

　頭はね跳びは，背中が丸まると前回りになってしまいます。こんな時は，背中が伸びるよう「背中に柱を入れて」と伝えます。

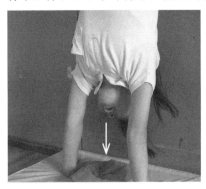

帽子を見て

背中に柱を

② バスケット・バレーボール

　バスケットボールのシュートやバレーボールのアンダー，オーバーパスの初期段階では，手だけでボールを操作しようとしてしまいます。膝を使った伸び上がり動作と肘を伸ばす連動動作がうまくいきません。こんな時は，

「膝のバネを忘れずに伸び上がって」と声をかけます。

③　空中逆上がり

　空中逆上がり（後方支持回転）で上手くできない一番の原因は，軸固定ができないからです。回転軸となるのはお腹（腰骨の位置）です。お腹がつく前に回り始めてしまうと回れません。お腹がつく前に回転を始めている子には，「おなかがついたら回ろうね」という言葉が有効です。

おなかをつけて

 先生ばかり頑張らない

　個別の問題に対して先生が教えることは大事ですし，子どもたちも的確なアドバイスをしてもらうことは大歓迎です。ですから，積極的に必要な指導をしてあげましょう。

　しかし，先生の頑張りには限りがあります。これはどの教科でも同様ですね。折角仲間と学んでいるのですから，仲間がこうしたアドバイスをすることも同じように意味があります。

　そのためには，共通の運動のポイントは教えたり，発見的な学習をしながら教え合える知識を身につけさせておきましょう。

第5章　クラスが1つになる！授業づくりの極意

13 ゲーム中の戦術理解を深める言葉かけ
観察するポイントを伝える

👉 「今空いているところはどこ？」

　戦術的な学習では「スペースを見つける」「スペースに動く」という「ボールを持たない時の動き（off the ball）」と「ドリブル等で自分で動く」「味方にパスをする」という「ボールを持っている時の動き（on the ball）」の2つを学ぶことになります。

　ボールを持っていない時に，どこに動いたらよいかがなかなかわからない子も多くいます。とにかく空いている空間を見つけることが必要になります。こんな時に，「今空いているところはどこ？」と授業の途中でモデルゲームを観察させながらストップをかけゲームを中断させます（フリーズ）。ゲームに参加していない他者の目なので，比較的わかります。

👉 「右を見て，左を見て」

　ゴール型ゲームでは，ボールを持った時に慌ててボールを処理しようとし，仲間の位置を確認せずにすぐに投げようとすることがよくあります。「持っている人のボールは触れない」というルールの設定をしていてもこうなりま

す。こうした時は，とにかく周りを見ることを意識させ「右を見て，左を見て，それから投げる」と教えましょう。

高学年であれば，ボールをもらいに行くサポートの子の動きも意識させ，「後ろも見て」ということも必要になります。

 ## ゲームに出ていない子に伝える

「今，○さんが，右に行ったらボールをもらえたよね」「○君は右しか見ていないよね。左に味方がいるね」など，ゲーム中の様子を見学している味方の子に伝えます。フリーズ同様，客観的に見ることができるので動きの理解が深まります。

 ## 上から見てみよう

体育館での授業では，ギャラリーから観察させることが有効です。ゲームが俯瞰できるからです。相手チームが練習をしている時に，他のチームに観察させます。

「誰がボールをもらえるところに動いていた？」「仲間をよく見ていた子は誰？」など戦術の視点を与えておきます。また，上り下りの約束や降りるタイミングを指示することも必要です。

ゴール型に限らず，ネット型でも守備位置を意識させる時に有効です。

14 「笑顔」「拍手」「おめでとう」「頑張れ」を生む言葉かけ

仲のよい学級集団を育てる

 かかわり方を教えて評価

　よい授業では，「笑顔」や「拍手」，「おめでとう」「頑張れ」など仲間を認めたり励ましたりする声が生まれます。

　こうした表情や仕草，声が表出されるのは，先生がさまざまな働きかけをしている結果です。「でも，どうやって？」ですね。

　どのようにかかわればよいかわからなければ，何もできません。待つことも大事ですが，まずは教えてあげるべきです。

① **儀式・挨拶を教える→大きな声をほめる**

　リレーやボールなどチームゲームでは，円陣を組んで「頑張るぞ！　オー！」など仲間に触れて声を出す。ゲームの前や終わりには「並んで挨拶する」「握手する」などのセレモニーがあることを教えます。大きな声を出している子やチームを「素晴らしい！」「勝てそうだね」などとほめると，もっとやる気が出ます。

② **できた子，もう少しの子を報告させる→報告した子をほめる**

　器械運動では初めてできた子やもう少しでできそうな子がいます。こうした子がいたら「先生に報告」と教えておきます。報告に来た子を「えらいなあ。仲間をよく見ていたね！」と周りの子に聞こえるようにほめてあげましょう。

　この一言で，もっとよく見るようになってくれます。

③ **最初は先生が拍手→できた子を見せる**

　初めてできた子や回数が増えた子が何人かいたら，授業をストップしてその場で見せます。ただし，教師が一度見てあげた方がよいでしょう。できなくなってしまうこともあるからです。挑戦させても失敗もあります。「スリ

ーアウトまではOK」と何度か繰り返させたり，うまくいかないポイントを周りの子に確認して意識させることもよいでしょう。

　仲間の頑張っている姿は，明日の自分です。「できそうだ」と思っている子は，取り組みの意欲が増し，周りの子は仲間を認めるようになります。また，先生が率先して拍手していると，周りの子も自然と拍手するようになります。それでも拍手が生まれない時は「冷たいなあ」の一言が効きます。

④　お手伝い（補助）の仕方を教える→補助が上手だとほめる

　鉄棒のように同じ場所で同じ動きをする運動は，お互いの補助が容易にできます。補助の仕方を教えて，補助でできた時には補助した子に「お手伝いが上手。だからできたね」とほめてあげます。この一言で，さらに頑張ってお手伝いします。補助された子も仲間の手伝いを感謝し，自分も補助に積極的になります。仲間に触れることで仲間のよさを感じます。

⑤　先生の笑顔・応援→北風より太陽に

　何より大事なのは先生の笑顔です。先生が笑顔でいると子どもも笑顔になります。話の聞き方，座り方など，よくない子を見つけて叱るより，こんな子には目をつぶり，よい子を見つけて笑顔で「素晴らしい」とほめると雰囲気がよくなります。負けているチームへの先生の声援も「弱い子」を見ていると周りの子も感じます。男女が仲良く活動している班やチームも積極的にほめましょう。先生の笑顔と評価が肯定的な雰囲気を生み，仲のよいクラスに育ちます。

5 「足し算」「数値目標」でクラスを一体化する
集団的達成感を持たせる

 記録の「足し算」で一体感を生む

　「運動会で勝利に向け頑張った。結果勝利した」「目指す山にみんなで登った。山頂でみんなで喜んだ」等の，行事を通してクラスがまとまった経験を先生方もお持ちでしょう。しかし，こうした「非日常的な行事ではなくともクラスの一体感が生まれる」ところが，体育の魅力です。

　その方法の1つが「足し算」です。個人やグループの記録を足し，クラス全体でどれだけの記録になったかを示します。個々の伸びはわずかでもあっても，クラス全体では大きなものとなるところがミソです。

　「個人記録の足し算」は，二重回し（短なわとび）や走り幅跳び・高跳び，バスケットのシュートなどに利用できます。30，40人分を足すのは大変ですから，4人組の班などで足したものを記録として書かせたり，発表したものを足し算すると先生も楽です。

　ペアや班，グループなどの足し算は，キャッチボール，長なわとびなどで利用できます。

(例) 二重回しの足し算					
班	1/28	2/1			
1	26	31	5	32	38
2	33	34	6	40	35
3	18	35	7	18	21
4	22	40	8	32	48
	99	140		122	142
クラス	221	→		**282**	

目標を数値で示す

　数値目標というとノルマのようで、あまりよい印象を受けないかもしれません。

　実は本時の目標として提示される「〇〇をできるか」「〇〇に気をつけて」などの内容も、「きっとできるだろう」「次のステップとしてここまでいって欲しい」という、達成の可能性があるだろうと判断した教師の願いが根底にあります。数値目標も全く同じことです。

　数値の利用は、個人で「〇回以上なら合格」という場合もあります。しかし、個人目標よりグループやクラスの目標の方が協同的な学びとして活用できます。ですから、前述の「足し算」とセットにできます。また、技能的な面の指導が必要なことは言うまでもありませんし、「達成可能な目標」でなければなりません。その見極めとタイミングがポイントになります。この点を見誤ると集団的達成感は生まれません。

　40人のクラスで、2回目の走り幅跳びの記録合計が9860cm（98m60cm）だとします。この数字を示すだけでもすごいのですが、「今日の授業でみんなで100mを超えよう」という目標（1人あたり3.5cmの伸び）を提示し、それを達成できれば「オー！」ということになります。ここには、3回目に空中姿勢を意識させれば達成可能という教師の判断があるわけです。

　足し算と数値目標の提示に是非挑戦してみてください。

16 「思考力・判断力を育てよう！」でも，どうやって？
教えるだけの体育から「発見」「創造」も

👉 「わかった？」では「わからない」

　国語，算数，理科，社会に限らず，体育でも思考力・判断力の育成は欠かせません。「考えてできる」「わかってできる」は，主体的な学習をする上で必要不可欠です。「動けばよい」と，技術を伝え「わかった？　じゃあやってみましょう」という一方通行の体育では思考力・判断力は育ちません。

　しかし，体育授業では子どもたちが実際に動く「実質的な運動時間」が確保されていなければ，「あー，いっぱい動けた」という満足感は生まれません。ですから，教えることと考えさせることをきちんと整理しておく必要があります。例えば，開脚跳びの指導で「手はどこにつけばいいでしょう？」という発問は意味がありません。この発問を確かめるために跳び箱を跳んだら怪我をすることは目に見えています。授業で教えなくてはいけないことは次のようなことです。

---

①安全を確保するのに必要な情報
②初めて出会う教材で，運動するために最低限必要な情報
③ゲームやリレーなどの最初のルール

👉 考えることを楽しませる教師の働きかけ

　できるようになるため，戦術をもとに作戦を考えるため，教え合うためなど，体育授業でもさまざまな場面で思考力・判断力が問われます。

ではどうすれば考え，判断できるようになるのでしょう。何を考えさせたいかによって，声をかける内容も異なります。

① 技能のポイントについて考える→運動観察と発問をセットに！

観点を示して観察させたり，比較したりする学習場面と発問をセットにすることで，ポイントについて考えたり，発見したりできます。こうした学習場面を設定する前提として，意図的に見せたい子（モデル）を見つけておくことや観察位置や発問を考えておくことが必要です。

○だるま回りの足の曲げ伸ばし→「どこで，足が伸びていますか」
○ハードル走の奇数歩のリズム→「走りやすいコースがありましたか？　どうして，そのコースが走りやすいのでしょう」
○「開脚前転の開きだしのタイミング」→「きれいに見える子は，どこで足をパッと開いているかな？」

② 創る活動→モデルと発表をセットに！

創る活動には「集団マット」「鉄棒・マットの連続技」「ダンス」「長なわをさまざまな動きで連続させるパフォーマンス」などがあります。その際，「集団マットをします。さあ，動きを考えてみましょう」では，多くの時間がかかります。体育が週5時間ならば…。ですから，単純なモデルを示し運動し，何をすればよいかを方向付けすることが必要です。また，授業の節として中間発表を設けて互いの動きを見合うこと，何よりゴールの発表会があることで取り組みの姿勢が変わります。シンクロマットの演技を意図的に見せたり，考えさせたりするための声かけの例を示してみましょう。

○モデルで合わせる，ずらすの動きを経験させ，息を合わせるための「せーの」「1，2の3」などのタイミングを合わせる方法を意識させたい
　→「3班は息がぴったりだね。うまい！　なぜでしょう？」
○組み合わせの中に，1人の別の動きを組み込んだ構成を意識させたい
　→「合わせる，ずらす以外でおもしろい動きを工夫した班がありました。へー，と先生も思いました。2班どうぞ」

17 タブレットを上手に使おう！
ICT活用のあり方

 ICT活用は大事。でも…。

「先生，落としちゃった」「うまく撮れなかった」こんな声がタブレットを使った授業で聞こえてくることがあります。この頃，ビデオやタブレットなどを使ったICT活用の授業が進められています。特にタブレットを使った授業は盛んになっています。しかし，研究会での使用がほとんどで，日常的な体育授業で使われることは少ないでしょう。

これにはいくつか理由があります。

①破損の心配→グラウンドや体育館に持ち出すので，いくら安くなったとはいえ落としたりすることが心配。

②施設面→プロジェクターを使って体育館に課題を提示したり，タブレットから映像資料を見せるには，機器と施設が必要だが普通はなく，準備，片付けが難しいです。

③管理面→破損に加え，データの管理（保管，消去）に手間や時間がかかります。

④撮影の経験→他の教科や活動を含め，触ってみないことには話になりません。体育は映像撮影と視聴が主な活動なので動きを撮る練習も必要です。

⑤撮影，視聴時間の確保→4，5人1組でも1巡するだけで，3，4分はかかるでしょう。また，明るい日光の下では見にくいことも事実です。

⑥失敗ばかりしている自分の姿を見たくない→自分の動きを一度は興味を持って見ますが，繰り返しうまくいかない姿を誰しも見たくないでしょう。

では，タブレット使用の言葉かけや使用のポイントは何でしょう。

観点を示し,「ビフォー・アフター」で

　子どもは,うまくできなかったり,遠くに跳べなかったりするとき,「どうすれば」という思いを持ちます。この時が,1回目の自分の姿を見せるチャンスです。

　例えば,4年生の側転の2回目(20分×6回扱い)をイメージしてみましょう。1回目の授業では側転が上手にできるA君をモデルにして動きを確認し,「前を向いて,手前に着手する手は前の足と同じ側。ずっこけないでできれば合格」という課題で取り組みました。多くの子はなんとかずっこけずに回れますが,着手位置が横にずれ,体が斜めだったり,足が曲がったりしています。

　こういう時がチャンスです。2回目に再度A君を観察させ,前足つま先の向き,着手位置を確認します。

　「A君と自分がどこが同じで,どこが違うか撮影して見てみよう」この言葉で,違いを意識して見るようになります。つまり,観点を示して意識させながらも,全体像の違いを見せるわけです。撮影する時は当然正面からになります。着手位置だけで無く,腰の位置や足の伸びも見えてきます。

　2回目にタブレットを使って見せるのは単元後半の上手になった時です。

　「2回目に見た自分と着手や足の伸びを比べてみよう」と説明し,撮影させます。班の中で1人2〜3回互いに撮らせるとうまくいった姿が撮れるチャンスが増えます。自分がうまくなった姿を見せることは,自己有能感や達成感を持たせるのに有効です。

　観点を示した言葉かけと「ビフォー・アフター」でのタブレット使用が意味ある使い方になります。

　＊タブレットを入れ,首から提げられる防水ケースは落下,雨,埃などに対応でき便利です。

> コラム

指導案は物語・イマジネーションを！

　指導案を書くことは，授業をどう構成するかを考える作業です。物語を創ることに似ています。

　物語を書くには，「設計図となるプロット＝スタートからゴールイメージ」「登場人物＝授業クラスの子ども・さまざまなキャラクター」「誰に読んでもらうかという対象」などが必要です。

　書くための手がかりとなる情報は，「子どもの実態」「指導要領・解説」「関連する書籍」「研修会の資料」「これまで見たよい授業」「ネットにある指導案」などです。これらをベースや参考にしながら，学習内容，方法を決め，「こんな授業をしたい」「こんな子どもに育って欲しい＝技能，知識，思考・判断，態度」というプロットを決めます。

　そして，「この指示をすれば，クラスはこう動く。その時問題となるのは，きっとこんなことだ。だから…」「あの子は，この課題ならばこうした動きになるだろう」「必要な教具は，これが何個，あれが何個」「この人数なら，このぐらいのコートの大きさで」などストーリー展開のイメージを膨らませながら書き進めていきます。

　思い描いた物語が子どもにフィットすれば，授業はうまく流れます。

　ただし，物語の展開が想定外のとんでもない方向に向くことがあります。こんな時に，描いた物語を修正できるようになれば，授業者として成長した証拠です。

第6章

体育が面白い！誰もが満足する授業プラン

11 「ヤッター！とべた！」二重回し
体つくり運動（低・中）

　なわとびは，子どもにとって楽しい教材です。跳び方のバリエーションがあり，1つの跳び方ができると達成感が生まれます。跳べた種目でも回数が増えれば新たな達成感が生まれます。こうした連続的な達成感を味わえるのがなわとびの魅力です。学校全体でカリキュラムに位置づけ，継続して指導していくと上手になります。

　二重回しは子どもにとって憧れの跳び方です。様々な跳び方の中でも特に達成感が高い運動です。しかし，二重回しの練習だけをしても跳べるようにはなりません。器械運動同様，ステップを踏む必要があります。

　①なわを速く回せる，②手首を上手に使える，③ジャンプとなわを回すタイミングを掴むといったことができてくると跳べるようになります。さまざまな跳び方を1，2年生で学び，2，3年生で二重回しに挑戦することがよいでしょう。なわとびは個人的な運動で1人で取り組むイメージを持っているかもしれません。しかし，そうではありません。仲間と回数を数えたり，教え合ったりしながら活動させることで仲間とのかかわりが深まる運動です。

 単元計画

	ステップ1・2				ステップ3		
	1	～		4	5	～	8
0	■30秒早回し　・ペアで2回 ■あや跳び生き残り　■交差跳び生き残り ・ペアでジャンケンに勝った方から ■タイミングを掴む ・ジャンプしての腿たたき ・片手に持ち2回す ■二重回しの跳び方理解 ■腰抜け二重回し ・モデルで方法理解・ペアで交代しながら				■私の先生 ・10回跳べた子が先生になり教える ■ペアで最高回数に挑戦 ・ペアで回数を数え合う ■二重回し生き残り ・ペアでジャンケンをして勝った人から生き残り		
30			■連続二重回し ・腰抜け5回以上の子は挑戦				
45	跳び箱等						

ステップ1　二重回しにつなげる感覚・技能づくり

二重回し，その前に1

　二重回しの指導の前，あるいは同時に指導していくと力がつく跳び方や活動をいくつか紹介します。

①スピード30秒跳び→前跳び（1回旋1跳躍）

　30秒間に何回跳べるか挑戦します。引っかかっても「0」には戻らず，失敗したところから足し算していきます（25で引っかかったら，25，26，27…とペアで数えていきます）。最初は50回程度でも，徐々になわ回しが上手になります。70回以上跳べると二重回しも跳べるようになります。上手な子は100回を超えます。後ろも同時に指導すると，後ろ二重にもつながります。

②あや跳びや交差跳び→手首の回旋が上手になります。最初は10回を目標にして取り組ませ，できるようになったら，20秒，30秒跳びで何回跳べるか挑戦させます。

③「○○跳び」生き残り→1つの跳び方で，誰が一番跳べるかという競争です。

④「○○跳びリレー」→一定回数を速く跳ぶ「スピード」とできるだけ長く跳ぶ「生き残り」があります。③④とも授業の最初に行います。

二重回し，その前に2

ジャンプして2回腿たたきでリズムを覚える

片手に持って二重回し

ステップ2　腰抜け二重回し・「魔法の板」の活用

腰抜け二重回し

前跳びから少し高く跳んで二重回し。しゃがみ込み，なわを止めずに前回しから二重回し。

二重回しがうまくなる「魔法の板」＝ジャンピングボード

　ジャンピングボードは前の二重回しを含めた一跳躍二回旋の跳び方（後ろ二重・あや二重など）に有効な教具です。学習の始めのうちは，手首の動きがうまくいかず，なわ回しのリズムや動きが十分ではありません。

　ジャンピングボードを使うことで，跳躍に気を遣うことなく，なわ回しに意識を集中できます。ですから，どんどんうまくなっていきます。

　台数が少ないとどうしても並んでしまうので，次の約束をしておきます。①2，3回練習したら次の人に交替，②5回跳べたら床で練習する，③休み時間も跳んでよい。この時も①の約束を守ること。

ステップ3　応用編

「私の先生」で仲良く上手になる

　「私の先生」は仲間に教える活動です。先生には仲間の伸びを実感できる喜びがあり，生徒の側には達成感が生まれる，Win-Winの関係が生まれます。二重回し以外の種目でも同じように行えます。

①二重回しが，10回跳べるようになった子が先生になる。
②生徒が先生を選ぶ（反対の場合もOK）。
③先生役の子どもが生徒の跳び方を見てアドバイスする。
④初めて跳べたり，回数が増えたりした子を先生役の子が紹介する。
⑤上手になった子がクラスの前で挑戦する。
⑥伸びを認めて賞賛する（教師・子ども）。
⑦上手になり10回跳べた子は先生になる。

連続の二重回し

前跳びから跳び上がって，なわを回す（ピュ，ピュン）。リズムが大事。下を見ない。

　できるようになったら，ペアでの練習や生き残りで最高回数に挑戦させます。個人の伸びと同時に，班やクラスの合計を出すことで「共に伸びる」という気持ちが育ちます。

12 「みんなとべた！」ダブルダッチ

体つくり運動（高）

　ダブルダッチは回し手の2人が2本のなわを外側から交互に回し，なわの中で跳躍する運動です。発展的に扱え，巧みな身体操作が身につくと同時に高学年の挑戦欲求を満足させる教材です。子どもが最初につまずくのは，なわがうまく回せずなわ同士がぶつかってしまうところです。ですから，なわ回しを指導する必要があります。交互に回るなわのどちらを見るかによって入るタイミングの掴み方が異なります。多くの子が意識するのは自分の手前にあるなわの動きで，むかえなわです（下から上がってくる）。うまくなわに入れる子をモデルにして，むかえのタイミングで入ればよいことを理解させましょう。4人1組であれば，繰り返し活動できます。2本×班の数だけなわの用意が必要です。ダブルダッチ用のなわも売られていますが，さまざまな跳び方に使える綿地のなわでよいでしょう。なわの長さと径は回しやすさから4ｍ，10ｍがよいでしょう。スピード跳びなどは片足交互の方が対応できます。しかし，リズムのつくりやすさや人数跳び（膝をあまり曲げないので多くの人数が跳べる），二重回しなどの場合は両足跳びの方が効果的です。

 ## 単元計画

	ステップ1	ステップ2	ステップ3
	1	2 〜 4	5 〜 6
0	■むかえなわ ・入り方確認 ・連続跳び （8〜10人）	■ダブルダッチ ・なわの回し方の理解 ・1人で何回（班・クラス合計） ・2〜4人で何回（班・クラス合計）	■発展 ・入って出る ・逆回し ・二重回し
20			
45	マット等		

ステップ1　むかえなわを跳んでみよう（1回目）

　ダブルダッチをいきなり跳ぶのでなく，むかえなわをまずは跳ばせましょう。経験の有無が確認できます。もし，厳しいようなら2回はむかえなわを扱い，8の字跳びで経験値を高め，達成感も持たせましょう。人数は1グループ8〜10人が適切です。

回旋するなわをよく見て，上がってくるなわを追いかけてなわの中に入る
最初はなわのスピードをできるだけゆっくり「たーーん，たーーん」のリズムで

なわを片足で跳んでそのまま反対側に抜ける　　　入れない子は背中を押してあげる

 ## ステップ2　ダブルダッチを跳んでみよう（2回目〜6回目）

なわの回し方を覚えよう！

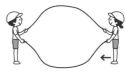

なわの長さを揃える　　　離れて回し始め　　　なわが地面につくまで片方が寄っていく

跳んでみよう!

①モデルで動きを確かめる。

②目の前のなわを追いかけるように。

③片足でなわの中に入る。

④1歩目を柔らかく。
- 入った1歩目が「ドン」だとリズムが掴めない。「トン」とつま先で跳ぶ。

⑤回す子とリズムを合わせてリズミカルに跳ぶ。

【課題】
- 最初は入れるか
- 連続5回跳べるか
- 連続10回跳べるか

⑥班やクラス合計をして伸びを共有する。

こんな跳び方できるかな
① 人数跳び

2，3人で何回跳べるか

4人で何回跳べるか

　人数を増やしていくことで，仲間とリズムを合わせる楽しさを味わわせることができます。4mのなわだと3人までは縦に並んで入れても，4人の場合は2列にならないと跳ぶことはできません。人数跳びで発見させたいことやポイントは次のような点です。

・上手に入れる人は後から入る→後の人が10回跳んでから入るのでは，4人目が入るまで最初の人は30回跳ばなくてはなりません。入るのが上手な人が後から入れば，最初の人は何回も跳ばずにすみます。
・どこから入っても同じ→ダブルダッチはどこからでも入れます。ですから4人同時に入ることもできます。
・跳ぶ位置を決める→4人跳びの場合は左右の位置どりが重要です。

② 入って出る　　　　　### ③ 逆回し

「1，2，3　出る」のタイミングで

なわを内側から回す

13 ぐるぐる回れる膝掛け後ろ回り

器械運動（中・高）

　器械運動は「できたー！」という声が一番生まれる領域ですが，「できない」ことで嫌いになってしまうという諸刃の剣の側面も持っています。ですから，「できる」ことを保障する授業づくりが何より優先されるべきでしょう。そのために，「基礎感覚づくり」や「段階的指導」を意図的に取り入れましょう。

　膝掛け後ろ回り（後方膝掛け回転）の教材としてのよさは4つあります。

---

①空中逆上がり（後方支持回転）と比べ回転軸（膝裏）が固定しやすい。
②発展性→「振る回数を減らす」「一度回ってから，また勢いをつけ直して回る足し算」「連続回転」「反対足を掛けての回転」など。
③同じ場で共通のポイントを教え合いながら活動できる。
④お手伝い（補助）での学習が比較的容易にできる。

　また，子どもが「硬い」「痛い」のイメージを持たないよう補助具（P44）を使うことも必要です。

	ステップ1 1　〜　2	ステップ2 3　〜　5	ステップ3 6　〜　8
0	■膝掛け振り ■膝掛け逆上がり ○膝掛け逆上がりの行い方を理解して行う ・足を後方に振り上げ，後方へ起き上がる ・補助→自分で	■補助での膝掛け後ろ回り ○膝掛け後ろ回りの行い方と補助の方法の理解 ・手は肩幅 ・1，2の3で膝を掛け（3回振り），引っかかったら回る ・補助＝回る子の肩を持ち上げる ■足し算での連続回数	■膝掛け後ろ回り連続 ・勢いのつけ直しと連続回数の増加 ■振る回数を減らしての回転 ■振り足を変えての回転・連続 ・できるようになったことの発表
20			
45	リレー		

ステップ1　膝掛け振り・膝掛け逆上がり

　膝掛け振りをモデルの子で動きを説明します。ぶら下がった姿勢から，最初の振り出しは肘を曲げて足を振りながら前方に上がり，肘を伸ばして足を鉄棒に近づけながら後方へ振らせます。「まげてー・のばしてー」と声をかけさせるとリズムが掴めます。

膝掛け逆上がり

 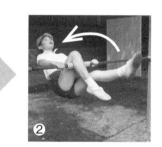 

　膝掛け逆上がりは，①足が地面に着いた姿勢から地面を蹴って，逆上がりのように起き上がる，②蹴った足を鉄棒にくっつける，③最後は肘を曲げないと起き上がれないという3点がポイントです。モデルの子でそれを説明します。

　補助についても①回ってくる肩を持ち上げる，②実施者の反対側になる，③重かったら2人でということをモデルの子で説明します。足が鉄棒から離れている子は指導します。膝掛け逆上がりは，膝掛け後転の後半部分と同じです。

☛ ステップ2　膝掛け後ろ回り

　モデルの子で①「1・2」と足を振って「3」で足を掛けて回る，②補助は膝掛け逆上がりと同じという2点を理解させます。回転の勢いのつけ方には，肩を後ろへ倒し込む動作と，足の振り込み動作があります。肩を後ろに倒すことを怖がる子もいるので，足の振り込み動作を強調した方が抵抗がありません。振りに合わせて「1・2の3。引っかけて」と回りの子に声をかけさせると，言っている子もリズムが掴めます。4，5回目では①回転後半で肘を曲げ，②鉄棒を押しながら起き上がることを観察で理解させます。「曲げて，押して」や「胸をくっつけて」と班で言葉かけをさせます。

☛ ステップ3　応用編

1回振って回る　　　　　　　　　右足を掛けて ⟵⟶ 左足を掛けて

「振る回数を減らす」「左右に挑戦」「連続」の3つを扱います。

学習カード

■ひざかけ後ろ回り

　　　　　　　　　　　年　　組　　番　名前

◇わかったポイントを書いてみよう！

月　日	できたこと・教え合い　○をつけてみましょう
／	て　自分　ふ1　左右　1・2・3・4・（　　　回） よくできた　できた　もう少し　あまりできなかった
／	て　自分　ふ1　左右　1・2・3・4・（　　　回） よくできた　できた　もう少し　あまりできなかった
／	て　自分　ふ1　左右　1・2・3・4・（　　　回） よくできた　できた　もう少し　あまりできなかった
／	て　自分　ふ1　左右　1・2・3・4・（　　　回） よくできた　できた　もう少し　あまりできなかった
／	て　自分　ふ1　左右　1・2・3・4・（　　　回） よくできた　できた　もう少し　あまりできなかった
／	て　自分　ふ1　左右　1・2・3・4・（　　　回） よくできた　できた　もう少し　あまりできなかった

て＝おてつだいでできた　自分＝自分でできた　ふ1＝ふりが1回
左右＝かけた足　1〜4＝回数（　　）にはさらにできた回数

14 競って伸びる入れ替え走
走・跳の運動（低・中）

　低，中学年の子はかけっこが大好きです。自分の相対的な位置づけをあまり意識していないからです。好きなうちに全力で走る面白さを何度も経験させてあげましょう。もちろん，いつも「負けてばかり」では嫌になるので，同じくらいの速さの子と走らせてあげることがポイントです。また，記録を取ってあげることで記録向上の喜びも味わわせたいですね。

　競争と達成の２つを兼ね備えた方法が「入れ替え走」です。２つの楽しみを味わえることが，この教材のよさです。50mのラインを４本引くだけで授業ができます。

　低学年では，「前を見て走る」「最後まで全力で走る」ことを，中学年では「スタートの姿勢」「腕をしっかり振る」ことを中心に指導するとよいでしょう。

 単元計画

	ステップ１	ステップ２		
	1	2～5		6～10
0		鉄棒等		
20	■赤白対抗戦 ・２人で走る	■入れ替え走 ・走る相手，順番の確認 ・４人（３人１組）で走る ・入れ替えた班で再度走る		低＝回旋リレー 中＝リレー
45				

ステップ1　赤白対抗戦（1回目）

①走る相手を決めて2列に並ぶ。並んだ列で赤白を決める。
②2人で50m走を走る。2人に記録を教える。対戦結果を発表する。
③同じ方法で相手を変えて2回目を行う。
④授業後，記録を基に同じ程度の4人（3人）1組の班をつくる。
⑤学級の人数で決める。また，4人組でも記録下位の班はできれば3人にする。（例　33人…4人×7班，3人×2班）

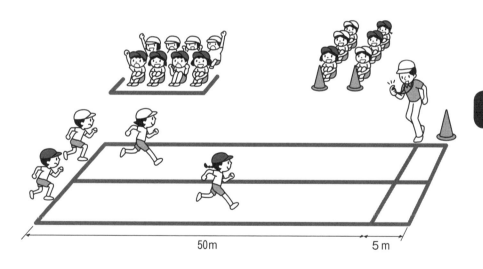

☞ ステップ2　入れ替え走（2回目〜5回目）

4人（3人）1組　合図でスタート

全力で走る

ゴールしたら順位と記録を子どもに話し，1〜4の順に前から並ぶ

■ゴール
・順位と記録を子どもに話し，並ばせる

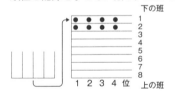

① 1位を立たせて拍手。横に動くよう指示（上の班…例　1班1位→2班へ）。4位を立たせ，横に動くよう指示（下の班…例　8班4位→7班へ）。
② 1，4位が変わった班が新しい班になる。
③ 新しい班でまた競走する。

> 学習カード

■50m入れかえ走　　　　年　　　組　　　番　名前

1．3人または4人で走ります。
2．1番だった人は上のはんに上がります。
3．3番か4番の人は下のはんに下がります。
4．1回のじゅぎょうで2回走ります。さいごのきょうそうできまったはんを下のひょうにきろくします。これが次に走るときのはんになります。
5．その日走った中で一番よかったきろくもひょうの中に書きます。
6．おうえんしてあげましょう。
7．友だちの走りかたをよく見て，よいところを見つけましょう。

1ぱん	名前	11.4		10.8		10.7	*タイムは例。
2はん		10.7		10.7		10.5	10.5
3ぱん		10.3		10.3		10.2	10.2
4はん		10.1		10.1		10	9.9
5はん		9.9		9.9		9.8	9.8
6ぱん		9.7		9.6		9.6	9.6
7はん		9.6		9.5		9.5	9.5
8ぱん		9.4		9.4		9.3	9.3

月　　日	さいごにきまったはん	さいこうのきろく
月　　日	はん	びょう
月　　日	はん	びょう
月　　日	はん	びょう
月　　日	はん	びょう
月　　日	はん	びょう

【見つけたよ！　よいところ】
■スタート

■走っているとき

■ゴール

15 競走，継走を楽しむ 2チーム対抗リレー
走・跳の運動（中）

　リレーは子どもが大好きな運動です。「①待つ②走る③見る④応援する」という参加型劇場空間が生まれるからです。「走り出す前のドキドキ感」「バトンの受け渡しがうまくいくかという不安感」「抜く，抜かれるの全力疾走」「走り終えた時の満足感」「チームが勝って欲しいことから生まれる仲間への声援」など，さまざまな思いが交錯するところがリレーの醍醐味であり，魅力です（ここでは，中学年のみステップを示します）。

　大切なのは，こうした思いが生まれる「拮抗」の状態を如何につくるか，運営するかです。オープンコースの4チーム対抗では，テイクオーバーゾーンの中で外に広がり，差がつきやすくなったり，交錯してパスが難しくなったりします。2チーム対抗はこうした点が解消され接戦になりやくなります。また，記録の更新も期待できます。中学年のバトンパスは，後ろを向かずにもらうより，走者を見ながらバトンを確実にもらった方がいいでしょう。走者がよく見えスタートのタイミングを掴みやすい，右手渡し，左手もらいがベターです（肩の高さで，親指を上に向けてもらいます）。

☞ 単元計画

			ステップ1	ステップ2	ステップ3
	1	2〜5	6	7〜9	10
0	鉄棒				
20〜45	■赤白対抗戦	■入れ替え走	■赤白対抗戦 ・低学年→50mの回旋 ・中学年→100mトラック走	■低＝回旋リレー ■中＝2チーム対抗リレー	■4チーム対抗リレー ■2チーム対抗総当たりリレー

ステップ1　100mトラック走（6回目の授業）

①走る相手を決めて2列に並ぶ。並んだ列で赤白を決める。
②2人で100mトラックを走る。2人に記録を教える。名簿に記録を記入する。
③同じ方法で相手を変えて2回目を行う。
④授業後，記録を基に8人1組の4チームをつくる。チームの記録が等質になるようにする。
　（例）31人　8人×3，7人×1（2回走る1人は8人合計より1.5秒程度速い子）
　＊120m以上のトラックの場合は，50m走の記録を基にしてもよい。

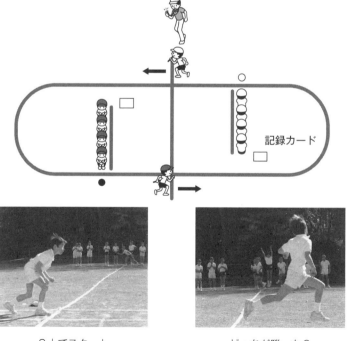

2人でスタート　　　　　　　　どっちが勝った？

ステップ2　2チーム対抗リレー(7〜9回目)

①ルールの確認をする。
　・コーナートップ　・テイクオーバゾーンの約束
　・応援席からの移動・戻る約束→反対側チームが通過したらゾーンに入る。
②対戦相手との場所を確認する。
③1回の授業で同じチームと2回戦行う。3回の授業で全てと対戦。
　＊120m以上のトラックの場合は，パスの位置を交互にする必要がある。

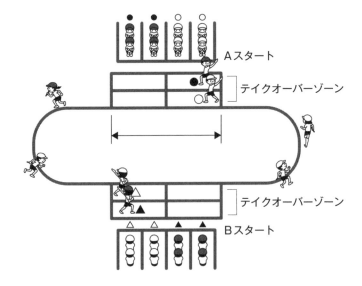

 ステップ3　2チーム対抗リレー総当たり (10回目)

①ルールの確認をする。総当たりなので，同じチームとは1回しかできない。
②対戦相手の順番と場所を確認する。
　＊最後なので4チーム対抗を行ってもよい。この場合は，4コースの経験がないので，コーナートップの位置とテイクオーバーゾーンでの並び方を教師が指示した方がよい。

学習カード

（例）

　　　　　　　　　　　　　　　番　名前

黄（番）		緑（番）		青（番）		赤（番）	
1	17.1	10	17.2	20	17.3	30	17.5
2	18.6	11	18	21	17.9	31	17.6
3	19	12	18.7	22	18.9	32	19
4	19.2	13	19.7	23	19	33	19.1
5	20.4	14	20.5	24	20.7	34	20.1
6	18.2	15	17.5	25	17.4	35	17.5
7	18.4	16	18.5	26	18.5	36	18.6
8	19.4	17	19.3	27	19.3	37	19.2
9	19.7	18	19.7	28	19.8	38	20.2
2番，6番が2回走る		19	20.6	29	20.9	39	20.9
	170		189.7		189.7		189.7

◇次のルールで行います。
(1)最初は2チーム対抗戦
(2)スタートはそれぞれ，1・2の位置から始まります。ゴールは真ん中のラインです。
(3)バトンを落としたら，前の走者が拾ってわたします。
(4)欠席・見学があった場合は，その人より1〜2秒程度速い人が2回走ります。

スタート位置1
スタート位置2

◇対戦表と結果

	1回目	2回目	3回目
スタート1	黄―緑	黄―青	緑―青
スタート2	青―赤	緑―赤	黄―赤

	あいて　　チーム	あいて　　チーム	あいて　　チーム
けっか1	勝ち　　負け	勝ち　　負け	勝ち　　負け
けっか2	勝ち　　負け	勝ち　　負け	勝ち　　負け
トータル	勝ち　わけ　負け	勝ち　わけ　負け	勝ち　わけ　負け

○過去の先ぱいたちのデータをもとに次のような得点をせっていしています。

3分5秒	20
6秒	19
7秒	18
8秒	17
9秒	16
10秒	15
11秒	14
12秒	13
13秒	12
14秒	11
15秒	10
16秒	9
17秒	8
18秒	7
19秒	6
20秒	5

○リレーの結果

日付	回	順位	タイム	得点	クラス
／	1	位	分　秒	点	点
	2	位	分　秒	点	点
／	1	位	分　秒	点	点
	2	位	分　秒	点	点
／	1	位	分　秒	点	点
	2	位	分　秒	点	点

6 チーム対抗を楽しむ走り幅跳び
陸上運動（高）

　陸上運動は記録向上の喜びと競争を楽しむ両面があります。かけっこやリレーは競う面白さを味わわせることが中心となり，高跳びや幅跳びは記録向上の達成感を味わわせることにウエイトが置かれることが一般的です。競争のよさは，競うことで記録向上の可能性が高まるところです。しかし，リレーのように同じ場で同時に活動することは不可能です。そこで，一斉に競うのではなく，測定結果を競うチーム対抗戦の形式をとります。チーム対抗戦は，競うことによる記録向上が期待できるだけでなく，個人記録が勝利につながるため，互いの動きをよく見て教え合う学習が意味あるものになります。チーム対抗戦といってもさまざまな方法が考えられます。例えば，①チームの記録合計で勝敗を決める足し算方式，②相手チームの記録が同じ程度の子同士で記録を競い，その勝敗数で勝ち負けを決定する方式，③走力に応じて記録を得点化し，得点合計で勝敗を決める方式などです。

　それぞれ一長一短ありますが，問題となるのは結果集計に時間がかかる点です。無理なく・無駄なく授業を進められることが跳躍回数の頻度保障につながるので，ここでは「記録の伸びの足し算方式」で行うことにしています。測定は実測（踏み切ったつま先から着地したかかとまで）がよいでしょう。

 ## 単元計画

	ステップ1	ステップ2			
	1	2	3	4	5
0		鉄　棒				
20	■走り幅跳びの ・実測か計画かを決める ■2班ごとの記録測定 ■よい動きの観察	■対抗戦の方法について確認 ■2mのラインを目標に慣れの跳躍 ■助走のスピード・リズムがある子の観察 ■相互に観察・伝え合う ■記録測定・まとめ	■3mのラインを目標に慣れの跳躍 ■モデルで踏み切って「く」から「ん」の動きの観察 ■相互に観察・伝え合う ■記録測定・まとめ	■3mのラインを目標に慣れの跳躍 ■モデルで踏み切ってからの膝の引き上げの観察 ■相互に観察・伝え合う ■記録測定・まとめ	■3mのラインを目標に慣れの跳躍 ■モデルで高く跳んでいることの観察 ■相互に観察・伝え合う ■記録測定・まとめ
40					

ステップ1　チームづくり（1時間目）

①跳ぶ子，計る子のモデルで実測方法を理解→踏切位置をよく見ること，着地した時に動くので，一番手前の砂のへこんだところで計る。
②2班が交替で実測。助走距離は10〜15m程度（ラインを引いておく）。
③遠くに跳べる子をモデルに，よい点を観察。
④記録を基に4チームをつくる（記録でなく8班ならば2班ずつの4チームでも構わない）。

 ステップ2　チーム対抗戦（2〜5時間目）

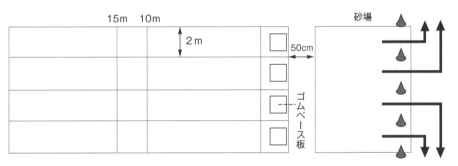

①チーム対抗戦についての説明（記録の伸びで勝敗が決まる，互いをよく見て教え合う），②川跳びで慣れの運動，③毎時のポイントについて相互観察④確認記録測定と結果確認

川跳び

　目標物があると,「そこまで跳ぼう」という意識になります。2cmの平ゴムとアルミの等賞旗のポール（塩ビ管・竹でも）までの距離を毎回徐々に伸ばしたり，2本貼ったりして目標にするとよいでしょう。

　助走は距離やリズムアップ（大股走にならないよう）が大事です。最後はト・ト・トンと駆け上がるように。ドンと力強く踏み切り，踏み切った反対脚の膝を引き上げます。

「く」の字から手を振り下ろすつもりで「ん」の字に。
足の裏が見えたら合格。

学習カード

◇走りはばとび◇

年　　組　　番　名前

○ぼくの，わたしの目標記録は…　50m走のタイム　　　秒

＊下の表から確かめましょう。

走りはばとびの目標　　　cm

秒＼cm	240	250	260	270	280	290	300	310	320	330	340	350	360	370	380	390	400	410	420
10.0-9.9	5	6	7	8	9	10	11												
9.8-9.7	4	5	6	7	8	9	10	11											
9.6-9.5	3	4	5	6	7	8	9	10	11										
9.4-9.3	2	3	4	5	6	7	8	9	10	11									
9.2-9.1	1	2	3	4	5	6	7	8	9	10	11								
9.0-8.9		1	2	3	4	5	6	7	8	9	10	11							
8.8-8.7			1	2	3	4	5	6	7	8	9	10	11						
8.6-8.5				1	2	3	4	5	6	7	8	9	10	11					
8.4-8.3					1	2	3	4	5	6	7	8	9	10	11				
8.2-8.1						1	2	3	4	5	6	7	8	9	10	11			
8.0-7.9							1	2	3	4	5	6	7	8	9	10	11		
7.8-7.7								1	2	3	4	5	6	7	8	9	10	11	
7.6-7.5									1	2	3	4	5	6	7	8	9	10	11

黄色		緑		青		赤	
名前	記録	名前	記録	名前	記録	名前	記録
男計							
女計							
総計							

＊得点表→みなさんの先ぱいの記録をもとにつくってあります。目標は8点！
　　　（例）9.6秒の人の目標は300cm　323cmならば，10点
　　　　　　　　　　　　　　　　　　258cmならば，3点

◇自分の記録・得点

日　付	自分の記録	得　点
／	cm	点
／	cm	点
／	cm	点
／	cm	点
／	cm	点

■競争　4チーム対こう戦です
①記録の伸びの合計競争です。
②記録が伸びた人は，その記録をもとにします。
・295cmから301cm　＋6
　次の時は301cmを0と考えます
③チームの中で，お互いにとび方を見て教えてあげましょう。

17 魔王ゲットゲーム・居残りゲットゲーム
ゲーム（中）

「魔王ゲットゲーム」（3年）は，台の上にカラーコーン（60cm）を載せ，そのカラーコーンを倒すゴール型ゲームです。台の上に載せたコーンが倒れて音を立てることが楽しさをより引き出します。ゲームでは戦術を学び，遂行する能力を高めることが求められます。ボールを持っている時は「左右を見る」，持たない時は「ゴールできる空いている位置に動く」ことは一見単純ですが，実際に遂行するのは大変です。勿論，意識せずに動ける子もいるのですが，多くの子はそうではありません。子ども同士が「右が空いてる」「左に動いて」など仲間に声をかけることが，「自分の動きを意識させる」ことにつながります。単元の最後に「少し動きが身についたかな」という感覚で慌てずに指導しましょう。単元計画を投捕の学習とセットにしたパターンで示しましたが，本来は投捕の学習を事前に扱っておくことがゲームそのものを学び，楽しむために有効です。ボールはミカサのスマイルボールがよいでしょう。また，3年生では攻守交替型で進め，その経験を生かして4年生で数的優位のある入り乱れの学習をさせるとよいでしょう。

 単元計画

	ステップ1	ステップ2		ステップ3	
	1	2	～ 4	5	～ 8
0	■2人組のパス ・1分間パス ・どこまでキャッチ1→距離を伸ばす ■ゲーム方法の理解 ・モデルの班で確認 ○3年生（4人1組） ・4対2→攻守交代 ○4年生（8人1組） ・4対4→前後半戦	■2人組のパス（2・3） ・1分間パス ・どこまでキャッチ2 →移動式（P61参照） ■チーム内練習　3対1 ■ゲーム3・4年とも ・入れ替え戦方式 勝ったら上のコートへ，負けたら下のコートにいく		■チーム内練習3対1 ○3年生 ・4対2リーグ戦 （例8チーム各7回戦） ○4年生7回で終了か8回目は総当たり ・4対3のチーム練習（ハーフコート） ・4対4リーグ戦 （例4チーム各3回戦）	
45					

3年生の4対2ゲーム

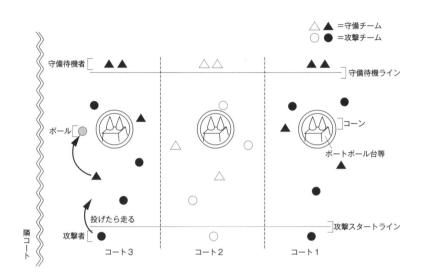

【ルール】
① 4人1組2チーム対抗。攻め4人，守り2人　2分間で攻守交替。
② 攻める人はボールをパスして，魔王（コーン）を倒せば得点。
　コーンは1つ倒しても，2つ倒しても1点。
③ ドリブルなし。歩けるのは4歩ぐらい。コンパス（片足を軸に回る）あり。
④ 得点が入ったり，ボールが隣のコートの台まで行ったら守りの2人は交替して出る。
⑤ 得点したり，ボールが隣のコートまで行ったら，スタートラインからやり直し。
⑥ パスカットはOK。持っているボールは取れない。
⑦ 得点の多い方の勝ち。勝ったチームは1つ上のコートに（例　1から2コートへ）。負けたチームは1つ下のコート（例　5コートから4コート）に移動する。

4年生の4対4（4対3）ゲーム

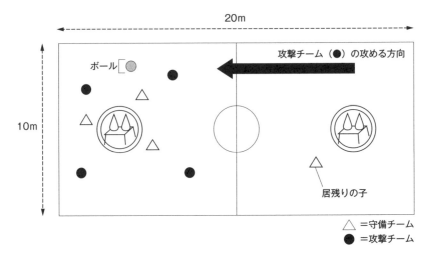

【ルール】 居残りゲットゲーム
①8人1チーム。前半4対4，後半4対4の前後半制。前後半各3分で行う。ステップ2では，3分×前後半×2として，1人2回ずつ参加する。人数が少ないチームは，1人が1回余分に出る（同じ人はなし）。居残りは毎回交替する。
②挨拶，ジャンケン（最初のボール），儀式でゲーム開始。
③中央のサークルからボールを出してスタート。得点が入った場合も同様。
④ドリブルなし。歩けるのは4歩ぐらい。コンパス（片足を軸に回る）あり。
⑤守りは3人。1人は自陣で待つ（居残り）。居残りの子にパスが直接来た場合は直接シュートはなし。味方の1人にパスを出し，もう一度もらった場合はシュートできる。
⑥攻める側コーンを倒せば得点。コーンは1つ倒しても，2つ倒しても1点。
⑦ボールがコートの外に出た場合は，ボールを出した相手チームが横のラインから投げ入れて始める。パスカットはOK。持っているボールは取れない。

学習カード

■い残りゲットゲーム

　　　　　　　　　　年　　組　　番　名前

◇対戦相手とコート
　●コートのじゅんび　第1コート　黄色・緑　　　　手前
　　　　　　　　　　　第2コート　青 ・ 赤　　　　おく
　●このコートが，ホームコートで練習場所になります。

	第1コート	第2コート
第1試合	黄 対 緑	青 対 赤
第2試合	黄 対 青	緑 対 赤
第3試合	緑 対 青	黄 対 赤

●じゅんびはホームコートチームが，片付けは，ゲームチームがせきにんを持って行います。

◇ゲームの結果
　勝ち3点　負け1点　分け2点の持ち点の合計で順位が決まる

ぼくは，わたしは　　　　　　チーム

	対戦相手	味方の得点	相手の得点	勝　敗
1	チーム	点	点	勝ち　負け　分け
2	チーム	点	点	勝ち　負け　分け
3	チーム	点	点	勝ち　負け　分け
順位		位		合計持ち点

●たくさん点がとれる動きとは？
　・ボールを持ったら（　　　　　）を見る
　・持たない時は（　　　　　　　）に動く

	／	／	／
持った時	できた　もう少し	できた　もう少し	できた　もう少し
持たない時	できた　もう少し	できた　もう少し	できた　もう少し

第6章　体育が面白い！誰もが満足する授業プラン

18 フロアアタック・キャッチバレー
ボール運動（高）

ネット型ゲームはテニスのような攻防一体型と連係プレー型があります。バレーボールは後者です。ネット型は仲間と「続ける」ことを前提とした段階では協同的ですが，「相手チーム」との対戦となると競い合うゲームになります。続けるためにいかに仲間が取りやすいところへボールを送るかという観点から，いかに相手がとりにくいところへ返球するかという観点に切り替えが必要になります。こうした変換がそのまま学習の流れとなってよいでしょう。つまり，「協同から競争へ＝協力ゲームから→競うゲームへ」という流れです。また，取り組みやすくするため，次のゲーム方法をとります。

誰もが操作できる＝キャッチバレー，打つ楽しさを味わう＝跳び上がらずに打つフロアアタック，分業制にしない＝役割固定でなく全員が同じように経験値を得られる指導に当たって以下の点を考慮した方が先生も子どもも気が楽になります。

①ラリー幻想からの脱却→ラリーはチーム間が同じレベルで，レシーブができる能力を持っていることが前提となります。

②ミス出しゲームの理解→味方のエラーが相手の得点になるゲームです。ですから，味方を責めるのでなく応援やアドバイスが大事だと理解させましょう。もう1つの方法は，得点は相手コートにボールが落ちた時のみとするルールに変えることです。

 ## 単元計画

	ステップ1 1 ～ 2	ステップ2 3 ～ 5	ステップ3 6 ～ 8
0 45	■打ってみよう1 　フロアアタック ■協力ゲーム ・何回続く	■打ってみよう2 ■ゲーム方法の理解 ・モデルゲームの観察 ■1次リーグ戦	■チーム練習・味方でも取りにくいところに打つ ■2次リーグ戦 ・守りの形・声を出して

ステップ1　協力ゲーム（1〜2時間目）
　　　　（バドミントンコート・ネット・高さ150cm）

①フロアアタックの理解と活動　最初は自分で上げ，セッターは交替する。
②協力ゲームについてモデルを通しての理解と協力ゲーム競争。

【ルール】※ボール＝ミカサのスマイルボールがよい（4号球）。
・4対4（1人が固定のセッター）か3対3（レシーブした人以外の1人が
　セッター），両手下手投げ入れサーブで行う。
・キャッチからセッターへのパス，セッターがキャッチからトス，フロアア
　タックの繰り返しで何回ラリーが続くか（最高回数）を4チームで競う。

ステップ２　相手チームとの競争ゲーム
　　　　　（３〜８時間目）

①ゲームの方法をモデルを通して理解（３時間目）する。
②ゲームを行う。

【ルール】
・４対４（１人が固定のセッター）か３対３（レシーブした以外の１人がセッター）で行う。
・挨拶，儀式，ゲーム，挨拶の確認をする。
・ジャンケンで勝ったチームからの両手の下手投げ入れでゲーム開始。
・自チームの得点＝ボールが相手コートに落ちた時・相手が返球できない時・相手がネットに触った時→スパイクは順番に打つ（セッター以外）。得点後は，ボールがある側から下手投げのサーブでゲーム再開。

フロアアタックのポイント

- セッターはネットから1m程度離してトスを上げる。ネットの近くでは身長が低いと打ちにくいし，ネットに触りやすい。
- 肘を伸ばして打つ。腕を振り切るとネットタッチやネットにかかりやすい（身長が高くないと鋭角なフロアアタックは打てない）。

レシーブのポイント

・どこにも動きやすい少し低い姿勢をとる。ボールは落とさないようしっかりキャッチする。

レシーブ隊形

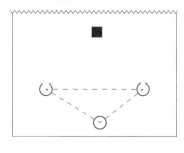
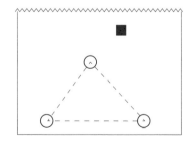

■はセンター。何も言わないと，3人が横一直線に並ぶ。基本は▽か△になろう。

【著者紹介】

木下　光正（きのした　みつまさ）
1955年　東京に生まれる
1977年　立教大学社会学部卒業
埼玉県志木市立志木第二小学校，志木市立宗岡第二小学校，志木市立志木第四小学校を経て，1994年より筑波大学附属小学校教諭。現在天理大学体育学部体育学科で大学院・学部の講師をつとめる。主な著書に『とってもビジュアル！筑波の体育授業・低学年編』（2009年，明治図書），『「できたー！」を共有指導ポイントがわかる器械運動の授業』（2013年，明治図書），『小学生の動きつくり・体つくりの教科書』（2014年，ベースボールマガジン社），『「できた！」が子どもから聞こえてくる体育授業９つのポイント』（2015年，学事出版）がある。

【本文イラスト】木村　美穂

スペシャリスト直伝！
小学校体育科授業成功の極意

2016年５月初版第１刷刊	ⒸⒸ著　者　木　　下　　光　　正
	発行者　藤　原　光　政
	発行所　明治図書出版株式会社
	http://www.meijitosho.co.jp
	（企画）佐藤智恵・坂元菜生子（校正）坂元菜生子
	〒114-0023　東京都北区滝野川7-46-1
	振替00160-5-151318　電話03（5907）6702
	ご注文窓口　電話03（5907）6668
＊検印省略	組版所　中　央　美　版

本書の無断コピーは，著作権・出版権にふれます。ご注意ください。

Printed in Japan　　　　ISBN978-4-18-136010-8
もれなくクーポンがもらえる！読者アンケートはこちらから→